절세 고수가 알려주는
상속·증여 절세의 전략

절세 고수가 알려주는
상속·증여 절세의 전략

초판 1쇄 인쇄	2024년 9월 6일
초판 1쇄 발행	2024년 9월 13일

지은이	택스코디
기획	잡빌더 로울
펴낸이	곽철식
디자인	임경선
마케팅	박미애

펴낸곳	다온북스
출판등록	2011년 8월 18일 제311-2011-44호

주 소	서울시 마포구 토정로 222 한국출판콘텐츠센터 313호
전 화	02-332-4972
팩 스	02-332-4872
이메일	daonb@naver.com

ISBN 979-11-93035-52-8(13320)

절세 고수가
알려주는

상속증여 절세의 전략

택스코디 지음 ― 잡빌더 로울 기획

다온북스
DAON BOOKS

차례

Part II.

**이 정도만
알아도
절세 고수**

상속

권말부록. 알면 돈이 보이는 세금 상식

당신의 세금 점수는
몇 점인가요?

이 책을 구매할지, 말지 망설이는 당신, 길게 고민하지 말고 다음 문제부터 풀어봅시다.

간단한 'O, X 형식' 퀴즈입니다. 너무 오래 생각하지 말고, 떠오르는 데로 1번부터 20번까지 문제에 O 또는 X에 체크만 하면 됩니다. 자, 이제 시작합시다.

문항	내 용	O	X
1	10억 원을 한 번에 증여받는 것보다, 10억 원을 10년 동안 10번으로 나눠 1년에 1억 원씩 증여받는 것이 증여세가 적게 나온다.	☐	☐
2	자녀에게 돈을 빌려줄 때, 차용증만 쓰면 증여로 보지 않는다.	☐	☐
3	기타친족 여러 명에게 증여받았을 때, 각각 1천만 원씩 증여재산 공제를 적용받을 수 있다.	☐	☐
4	아들을 위한 연금보험료 1억 원 중 아들이 취직하기 전까지 2천만 원을 아버지가 대신 불입하고 나머지 8천만 원은 아들이 취직해 본인의 소득으로 불입할 때도 증여세가 부과된다.	☐	☐

5	부담부증여가 단순증여보다 무조건 유리하다.	☐	☐
6	혼인증여공제를 이용하면, 최대 3억 원까지 증여세가 발생하지 않는다.	☐	☐
7	자녀에게 아파트를 시가보다 낮게 팔아도 증여세가 발생한다.	☐	☐
8	부모 명의 집에서 자식이 무상으로 거주해도 증여세가 발생할 수 있다.	☐	☐
9	창업자금으로 증여받으면 5억 원까지는, 증여세를 10원도 내지 않는다.	☐	☐
10	만 32세의 직장인이 결혼과 동시에 시세 2억 2천만 원짜리 집을 샀다. 이런 경우 자금출처조사 대상이다.	☐	☐
11	재산이 10억 원이 넘지 않으면, 상속세 대비를 하지 않아도 된다.	☐	☐
12	배우자공제가 최대 30억이라고 해도 배우자의 법정 상속지분 이상은 공제되지 않는다.	☐	☐
13	아버지가 자녀에게 사전증여하고 나서 10년 이내에 돌아가셨다면, 상속세 계산할 때 이 증여 금액을 더해서 계산한다.	☐	☐
14	시가가 상승할 것으로 예상하는 자산은 사전증여하면 좋다.	☐	☐
15	이민을 가면 상속세를 피할 수 있다.	☐	☐
16	엄마가 대신 내준 상속세에도 증여세가 부과된다.	☐	☐
17	때론 상속 후 증여가 유리할 수도 있다.	☐	☐
18	고인이 사망 전 찾은 금액은 전부 추정상속재산으로 간주한다.	☐	☐
19	동거주택 상속공제를 적용받으려면, 상속받는 자식이 미성년자였던 기간을 포함해 10년을 채워야 한다.	☐	☐
20	상속주택보다 나중에 취득한 주택도 양도세 비과세 특례를 적용받을 수 있다.	☐	☐

수고했습니다. 답은 뒷장에 있습니다.

정답

1번	X	11번	X
2번	X	12번	O
3번	X	13번	O
4번	O	14번	O
5번	X	15번	X
6번	X	16번	X
7번	O	17번	O
8번	O	18번	X
9번	O	19번	X
10번	O	20번	X

'정답 수 × 5점'을 해 여러분의 점수를 계산해봅시다. 나온 점수가 50점이 안 되면 즉시 이 책을 구매해 읽어봅시다. 세금은 아는 만큼 줄어들고, 미리미리 대비해야 하기 때문입니다.

오랫동안 상속·증여세는 부자들만 내는 세금이라고 생각했고, 이런 이유로 대부분 사람은 관심조차 없었습니다. 하지만 자산 가치는 계속 가파르게 상승해서, 이젠 서울에 아파트 한 채만 가지고있어도 상속세가 발생할 수 있습니다. 더는 남의 일이 아닌 게 되었습니다. 여기에 자녀가 근로소득만으로 집을 마련하는 게 쉽지 않아 자녀에게 재산을 미리 증여해 재정 지원을 도모하려는 사례도 많아지고 있습니다.

그런데 많은 사람이 상속세와 증여세가 어떻게 계산되는지 잘 알지 못하는 것이 현실입니다. 인터넷에서 이리저리 검색해봐도 관련 법조문을 나열한 뒤 주의해야 한다는 취지의 의견을 간략히 보태는 내용이 대부분입니다.

하지만, 본 책은 독자가 궁금할 부분을 콕 집어서 상세하게 알려주고 택스코디 특유의 간결하고 쉬운 문장으로 작성해, 세금을 지식이 아닌 상식의 차원으로 확장할 것입니다.

다시 강조하지만, 상속세와 증여세는 일부 부자들만의 문제가 아닙니다. 시가 10억 원 이상인 아파트 한 채만 남겨도 상속세가 부과될 수 있고, 자녀를 위한 부모님 지원에도 제대로 대응하지 못하면 증여세가 부과되는 것이 사실입니다. 하지만 이런 현실 속에서도 세금에 대해 조금만 관심을 가진다면 절세를 위한 아이디어는 자신의 상황을 가장 잘 아는 본인에게서 더 많이 나올 수도 있다고 저는 소리칩니다.

상속이든 증여든 미리미리 준비해야 하며, 전문가와 상담을 할 때도 대략적인 내용을 알고 가야 더 절세할 수 있습니다. 이 책만 잘 읽어도 큰 도움이 될 거라 자신합니다.

이 정도만 알아도
절세 고수

01

분산증여,
똑바로 이해하자

10억 원을 한 번에 증여받는 것보다, 10억 원을 10년 동안 10번으로 나눠 1년에 1억 원씩 증여받는 것이 증여세가 적게 나온다.

이 문장은 X입니다. 결론부터 말하자면 분산증여란 금액을 나누는 것이 아니라, 수증자를 나눠서 증여세를 절세하는 방법입니다.

세알못

사랑하는 자식에게 재산을 증여해서 하루빨리 삶의 기반을 마련해주고 싶습니다. 10억 원을 증여하면 30%의 세율이 적용되지만, 1억 원을 증여하면 10%의 낮은 세율이 적용되는 누진세란 것을 알았습니다. 10억 원을 증여하면 2억 4,000만 원을 세금으로 내야 하지만, 1억 원씩 쪼개서 총 10번에 걸쳐 10억 원을 증여하면 모두 1억 원의 세금만 내면 된다고 생각했고, 시간 날 때마다 틈틈이 재산을 현금화해서 아들에게 10여 차례에 걸쳐 1억 원씩 총 10억 원을 증여했습니다. 물론 증여 때마다 10%의 세율을 적용한 증여세도 빠짐없이 신고납부했습니다. 그런데 얼마 전 아들 앞으로 증여세 납부고지서가 나왔습니다. 저에게 증여받은 재산에 대해서는 10%가 아니라 30%의 세율을 적용하여 증여세를 재계산해야 한다는 겁니다. 도대체 뭐가 잘못된 것일까요?

택스코디

「상속세 및 증여세법」에서는 같은 사람으로부터 10년 동안 증여받은 재산을 합친 금액이 1,000만 원 이상이면 합산해서 과세하도록 하고 있습니다. 따라서 세알못 씨기 1억 원씩 나누어 10회 증여해도, 결국 합산되어 10억 원을 한 번에 증여한 것과 동일하게 평가합니다. 그러므로 다음 표와 같이 10%가 아닌 30%의 누진세율이 적용된 세금을 추가로 납부해야 합니다. 이른바 '금액 쪼개기 증여'를 통해 증여세를 줄이려는 시도를 차단하고 있는 것이죠.

과세표준	세율	누진공제
1억 원 이하	10%	
1억 원 초과 5억 원 이하	20%	1천만 원
5억 원 초과 10억 원 이하	30%	6천만 원
10억 원 초과 30억 원 이하	40%	1억 6천만 원
30억 원 초과	50%	4억 6천만 원

증여세는 여러 명에게 금액을 쪼개서 나누어 주면, 수증자 한 명
당 누진세율이 낮아지기 때문에 한 명한테 몰아서 주는 것보다 총 세
금이 줄어듭니다. 이것이 핵심입니다.

예를 들어 결혼한 자녀 한 명에게 2억 원을 증여하는 것보다는 자
녀와 자녀의 배우자(사위 또는 며느리)에게 각각 1억 원씩 줄 때 다음
처럼 600만 원의 증여세를 아낄 수 있습니다.

수증자 수에 따른 증여세

구분	1명에게 주는 경우	2명에게 나누어 주는 경우	
수증자	자녀	자녀	사위 또는 며느리
증여재산가액	2억 원	1억 원	1억 원
증여공제	5천만 원	5천만 원	1천만 원
과세표준	1억 5천만 원	5천만 원	9천만 원
증여세	2천만 원	500만 원	900만 원

다시 말하지만, 증여세는 수증자(증여받는 사람)별로 증여받은 재
산 규모에 따라 10~50%의 세율로 과세합니다. 이때 주의할 부분은
과거 10년 내 동일인에게 1,000만 원 이상 증여받은 사실이 있다면
과거 증여 당시 가액을 누적 합산해 증여세를 계산해야 한다는 점입

니다. (물론 이미 낸 증여세는 한도 내에서 세액공제로 차감 정산합니다.) 여기서 증여자가 직계존속이라면 그 배우자는 수증자 편에서 동일인으로 봅니다. 쉽게 말해 증여 때 동일인으로 보는 경우(수증자 기준)는 아버지와 어머니, 할아버지와 할머니입니다. 단, 장인과 장모는 동일인으로 보지 않습니다.

반면 아버지와 할아버지 등 서로 부부관계가 아닌 직계존속이나 시부모 등 기타친족은 수증자 편에서 동일인으로 보지 않아 누적 합산하지 않으므로 이 부분은 분산증여로써 절세에 많이 활용되고 있습니다.

참고로 부모 중 한 분이 돌아가신 후 남은 부모로부터 증여받을 때는 이미 돌아가신 부모의 사전증여가 있더라도 합산하지 않습니다. 이혼한 부모의 증여도 누적 합산하지 않습니다. 즉, 동일인의 배우자 여부는 각 증여 당시를 기준으로 판단하는 것입니다.

02

차용증만 쓰면
증여로 보지 않는다?

자녀에게 돈을 빌려줄 때, 차용증만 쓰면 증여로 보지 않는다.

이 문장은 X입니다. 결론부터 말하자면 차용증 작성 여부는 하나의 요식행위에 해당합니다. 차용증 작성만으로 금전소비대차 거래가 객관적으로 소명되는 것은 아닙니다. 원금상환과 이자 수수 등 계좌거래를 통해 입증 준비를 해 놓는 것이 중요합니다.

세알못 증여를 하기엔 증여세가 너무 부담되는 상황이라 매입자금을 빌려주는 방안을 고민하고 있습니다. 자식에게 돈을 빌려줄 때 차용증만 쓰면 증여로 보지 않는다던데 그런가요?

택스코디 원칙적으로 부모가 자녀에게 금전 등을 계좌 이체하거나, 부동산 등을 취득할 때 부모 계좌가 사용된다면 과세당국에서는 그 자금을 일단 증여로 추정합니다. 이후 최종적으로 증여가 아니다는 것을 자녀가 증빙해야 합니다. 이때 차용증 작성 여부는 특정 요건으로 상속세 및 증여세법상에 규정되어 있지는 않고 하나의 요식행위에 해당합니다. 직계존비속 간의 금전소비대차 거래는 객관적으로 입증되어야 하는데, 차용증 자체가 객관성을 보증하지는 않는 것입니다. 하지만 차용증이 객관적인 금전소비대차 거래에 대한 사실관계 판단 시 중요한 요소로 작용하는 것은 분명합니다.

이때 차용증이 대여 시점이 아니라 사후적으로 작성된 경우 증빙자료로 인정받기 어려우므로 대여 당시 공증이 아니라도 내용증명이나 등기소 확정일자 등을 통해 근거를 준비해놓는 것이 당연히 유리합니다. 하지만 차용증 공증만으로 금전소비대차 거래가 객관적으로 소명되는 것은 아니므로 원금상환과 이자 수수 등은 계좌거래를 통해 입증준비를 해 놓는 것이 중요합니다.

세알못 자식이라도 이자를 반드시 받아야 하는가요. 이자를 받는다면 이자율은 어느 정도로 해야 하나요?

택스코디 이자율을 설정하고 이자를 지급하는 것도 증여가 아님을 증명하기 위한 중요한 절차입니다.

세법에는 법정 적정이자율보다 낮은 이율로 돈을 빌릴 때 증여로 본다는 규정이 있습니다. 차용증을 형식적으로만 작성하고 많은 금액을 터무니없이 낮은 이율로 전달하는 것을 제재하기 위해서입니다.

조금 더 구체적으로 보면 법정이자율(4.6%)과 실제 이자 금액의 차이가 1년간 1,000만 원 이하면 증여로 판단하지 않는다는 규정이 있습니다. 예를 들어 원금 2억 원을 부모로부터 빌려 쓰기로 하고, 빌려 쓰는 기간에 연 1%로 이자를 지급하기로 했다고 가정합시다. 이자율 연 4.6%와 연 1%로 계산한 이자의 차이가 720만 원 (2억 원×이자율 차이 3.6%포인트)이므로 최초 2억 원을 빌린 부분에 대해 차용 거래로 볼 수 있는 최소한의 요건을 갖춘 것입니다.

참고로 법적으로 이자 없이 무상으로 돈을 빌리는 방법도 있습니다. 법률상 빌린 돈에 4.6% 이자율을 적용했을 때 이자가 1,000만 원이 넘지 않을 때, 즉 대출금액의 연간 이자 금액이 1,000만 원 이하일 때는 증여로 보지 않기 때문에 무이자 차용이 가능합니다.

역으로 계산했을 때, 2억 1,739만 1,304원 이하로는 무이자로 빌려도 증여세 부담이 없다는 것입니다. 원금은 당연히 갚아야 합니다. 차용증에는 빌리는 날짜, 빌리는 금액과 상환 방법, 변제기일, 이자율과 이자 지급방식 등의 내용을 적어야 합니다.

급할 때 수억 원을 무이자로 빌릴 수 있다는 건 반가운 일이지만, 주의할 점도 있습니다. 무이자로 돈을 빌렸다면 이자 대신 매월 원

금을 조금씩 상환해, 빌린 돈을 갚고 있다는 사실을 입증해놓는 것이
증여세 추징을 피하는 안전한 방법입니다.

세알못 자식의 소득 형편상 단기간에 차입금을 상환하지는 못할 것
같은데 차용 기간이 장기라도 문제는 없는가요?

택스코디 차용 기간과 금액은 대여자의 상황과 회수 의지 및 차입자의
상환능력 등을 반영하여 정해야 합니다. 통상적으로 5년 정도
를 최대 대여 기간으로 보고 대여금액을 차입자 연 소득의 5배
수를 사회 통념상 허용범위로 보고는 있으나, 명확히 규정된
것은 아니므로 차용요건의 적합성에 대한 객관적인 입증 책임
에 대해 대비는 별도로 필요합니다.

세알못 그밖에 주의할 점은 없나요?

택스코디 개인 간의 금전소비대차 시 발생하는 이자 또한 소득세 과세
대상이므로 직계존비속으로부터 수령하는 이자 또한 소득세
대상이며 원칙상은 이자를 지급하는 사람이 이자의 27.5%(지
방소득세 포함)를 원천징수하여 내야 합니다.
이자를 지급할 때 이자소득에 대한 원천소득세를 신고 및 납
부 후 지급하게 된다면 설령 차용증을 작성하지 않더라도 차
용 거래로 인정받을 가능성이 매우 커집니다.

이때 일반적으로 자금을 빌려주는 부모는 다른 이자소득(배당소

득) 금액과 합산해 1년 기준 2,000만 원을 초과하지 않도록 주의해야 합니다. 2,000만 원을 넘으면 종합소득 합산과세 대상이 될 수 있어서입니다.

원천세 신고 등이 뒷받침된 이자 지급이 지속해서 이뤄진다면 차용 거래에 대해 납세자가 유리하게 입증할 수 있습니다.

03

기타친족 여러 명에게 증여받았을 때, 각각 1천만 원씩 증여공제를 적용받을 수 있다?

기타친족 여러 명에게 증여받았을 때, 각각 1천만 원씩 증여재산 공제를 적용받을 수 있다.

이 문장은 X입니다. 결론부터 말하자면 큰아버지에게 증여받은 재산에 대한 증여세를 계산할 때 증여공제 1천만 원을 모두 적용했다면, 그 후에 고모나 작은아버지에게 증여받는 재산에 대해서는 증여공제를 적용할 수 없습니다.

증여재산공제제도는 증여받은 자(수증자)가 증여자와 밀접한 인적 관계에 있을 때 증여세 과세가액에서 일정액을 공제해 과세표준을 산정해 조세 혜택을 부여하고 있는 제도를 말합니다.

거주자가 배우자, 직계존비속, 기타 친족(6촌 이내 혈족, 4촌 이내 인척)으로부터 현금, 부동산 등을 증여받는다면 증여세 과세가액에서 10년간 합산해 다음의 금액을 공제합니다. (증여받은 자가 비거주자이면 증여재산공제가 적용되지 않습니다.)

증여재산공제 한도액

증여자	배우자	직계존속	직계비속	기타친족	그 외
공제 한도액	6억 원	5천만 원 (수증자가 미성년자이면 2천만 원)	5천만 원	1천만 원	없음

참고로 계부·계모로부터 증여받은 경우에도 직계존속으로부터 증여받은 경우와 동일하게 증여재산 공제를 허용합니다.

또 시부모와 며느리의 관계는 직계존비속에 해당하지 않으며 기타친족에 해당하고, 계모의 부모로부터 증여를 받는 때는 직계존비속 증여재산공제가 적용되지 않습니다.

세알못

미성년자는 구체적인 기준이 어떻게 되나요?

택스코디

'사람은 만 19세로 성년에 이르게 된다(민법 제4조).' 따라서 '미성년자'는 증여일 현재 만 19세에 달하지 않는 자를 말합니다.

1년 전 아버지로부터 1억 원을 증여받은 후 최근 할아버지로부터 5천만 원을 증여받는 경우 증여세 과세표준은 얼마인가요?

증여재산공제 한도액은 직계존속으로부터 증여받는 경우 수증자를 기준으로 5천만 원이므로 1년 전 직계존속인 아버지로부터 1억 원을 증여받았을 때 증여세 과세표준은 5천만 원(1억 원 - 5천만 원)이고, 최근 직계존속인 할아버지로부터 5천만 원을 증여받았을때 증여세 과세표준은 5천만 원(5천만 원 - 0)입니다.

세알못

기타친족 여러 명에게 증여받았을 때, 각각 1천만 원씩 증여재산 공제를 적용하나요?

택스코디

배우자나 직계존비속이 아닌 기타친족(6촌 이내 혈족이나 4촌 이내 인척)으로부터 증여받게 되면 1천만 원의 증여재산공제를 적용하게 됩니다.

그러면, 큰아버지나 고모 및 작은아버지에게 각각 증여받았을 때 3천만 원의 증여재산공제를 적용할까요? 아닙니다. 만약, 큰아버지로부터 증여받은 재산에 대한 증여세를 계산할 때 증여재산공제 1천만 원을 모두 적용했다면, 그 후에 고모나 작은아버지에게 증여받는 재산에 대해서는 증여재산공제를 적용할 수 없는 식입니다.

다만, 증여세 과세는 증여자별로 계산하므로 큰아버지와 고모 및 작은아버지에게 받은 재산을 합산하여 누진세율을 적용하는 것이 아니라 각각 수증 받은 재산에 대해서 증여세를 계산하는 것입니다.

세알못
아내가 남편에게 부동산을 증여받아서 6억 원의 증여재산공제를 적용받았는데, 추후 남편이 아내에게 증여받으면 6억 원의 증여재산공제를 적용받을 수 있나요?

택스코디
남편과 아내 모두 각각 증여재산공제 6억 원을 적용받을 수 있습니다.

증여재산공제는 재산을 받는 자(수증자)를 기준으로 한도를 계산하여 적용합니다. 남편이 아내에게 증여하면 수증자가 아내, 아내가 남편에게 증여하면 수증자가 남편이므로, 각각 수증자 기준으로 증여재산공제 한도 6억 원이 적용됩니다. 따라서, 남편이 아내에게, 아내가 남편에게 각각 6억 원을 서로 증여하더라도 각각 6억 원의 증여재산공제가 적용됩니다.

참고로 아버지와 어머니가 같은 자녀에게 5천만 원을 각각 증여했다면, 다음과 같이 증여공제가 이뤄집니다.

동시 증여 시	각각 2,500만 원씩 공제 (안분 공제)
순차증여 시	먼저 증여받은 건에서만 5,000만 원 공제 (순차 공제)

04

부모가 대신 납부한 보험에도 증여세가 부과된다

아들을 위한 연금보험료 1억 원 중 아들이 취직하기 전까지 2천만 원을 아버지가 대신 불입하고 나머지 8천만 원은 아들이 취직해 본인의 소득으로 불입할 때도 증여세가 부과된다.

이 문장은 O입니다. 결론부터 말하자면 보험료 중 일부를 계약자인 아들이 불입한 때에도 증여세가 부과됩니다.

세알못 자녀가 부담해야 할 증여세를 부모가 대신 내면 어떻게 되 나요?

택스코디 증여세는 수증자(증여를 받은 사람)가 내는 세금입니다. 따라 서, 증여자(증여하는 사람)가 증여세를 대신 낼 때는 해당 금액 을 증여한 것으로 보아 증여세가 추가 부과될 수 있습니다.

세알못 계약자와 피보험자는 아버지, 수익자는 자녀인 저로 손해보험 에 가입하고 보험료는 아버지가 냈습니다. 보험사고가 발생하 여 보험금을 제가 타게 되면 증여세가 부과되나요?

택스코디 보험금 수령인과 보험료 납부자가 다른 손해보험에 가입한 경 우에는 보험사고 (만기보험금 지급 포함) 가 발생한 때에 보험료 납부자가 보험금 상당액을 보험금 수령인에게 증여한 것으로 봅니다. 따라서 세알못 사례와 같이 보험금 수령인은 자녀이 고 보험료 납부자가 아버지면 보험사고 발생일에 아버지가 자 녀에게 증여한 것으로 봅니다.

　생명보험 또는 손해보험에 있어서 보험금 수취인과 보험료 불입 자가 다른 경우에는 보험사고 (만기보험금 지급 포함) 가 발생한 때에 보험료 불입자가 보험금 상당액을 보험금 수취인에게 증여한 것으 로 보는 것입니다.
　다음 표를 참고합시다.

보험금 과세유형

피보험자	계약자	불입자	수익자	세법상 처리
C (사망)	A	A	A	상속재산에 해당하지 않음 증여세 과세대상에 해당하지 않음
C (사망)	A	A	B	상속재산에 해당하지 않음 A가 B에게 보험금을 증여함
C (사망)	불문	C	불문	수익자가 상속인: 상속재산으로 보아 상속세 부과 수익자가 상속인 외의 자: 유증에 해당 해 상속세 과세

세알못

학생인 아들을 위해 연금보험 가입을 고려 중입니다. 총보험료 1억 원 중 아들이 취직하기 전까지 2천만 원을 아버지인 제가 대신 불입하고 나머지 8천만 원은 아들이 취직하면 본인 소득으로 불입할 계획입니다. 만기보험금은 2억 원으로 예상하는데 이럴 때 증여세는 언제 부과되며 증여금액은 어떻게 계산되나요?

택스코디

상속·증여세법에서는 보험금의 증여 시기를 보험료 납부 시점이나 계약자 변경 시점이 아니라 보험사고 발생일 또는 만기일, 즉 보험금 수령일을 증여 시점으로 봅니다.

참고로 재산 종류별 증여 시기는 모두 다릅니다. 부동산은 증여등기 접수일, 자동차는 등록 신청서 접수일, 주식은 주식인도일과 명의개서일 중 빠른 날, 예금은 이체한 날, 분양권은 권리 의무 승계일 등입니다.

그리고 불입한 보험료 중 일부를 보험금 수취인이 불입했을 경우에는 보험금에서 불입한 보험료 총합계액 중 보험금 수취인이 아닌 자가 불입한 보험료액의 점유비율에 상당하는 금액만을 증여재산가액으로 합니다.

따라서 만기보험금은 2억 원, 아버지가 불입한 보험료 2천만 원, 아들이 불입한 보험료 8천만 원이므로 아버지가 아들에게 증여한 금액은 보험료 2천만 원이 아닌 다음과 같이 '보험료 + 보험차익'인 보험금 4천만 원입니다.

- 증여금액 = 만기보험금 × 아버지가 불입한 보험료/총보험료
  = 2억 원 × 2천만 원/1억 원 = 4천만 원

05

부담부증여가 단순증여보다 무조건 유리하다?

부담부증여가 단순증여보다 무조건 유리하다.

 |

이 문장은 X입니다. 결론부터 말하자면 부담부증여는 좋은 절세방법이긴 하지만, 예전과는 다르게 지금도 무조건 유리한 절세방법은 아닙니다.

부모가 보유한 부동산을 자녀가 물려받는다면 기쁨도 잠시, 증여세를 낼 능력이 부족한 자녀는 세금에 대한 고민이 뒤따라옵니다. 이에 대한 절세방법으로 인기를 끌었던 것이 바로 '부담부증여'입니다. 부담부증여란 증여받은 사람이 일정한 채무(전세보증금·주택담보대출)를 부담하는 조건으로 하는 증여로, 채무액을 차감한 뒤 증여세 과세가액을 계산해 채무액만큼 증여세를 줄이는 효과가 생깁니다.

세알못   부담부증여가 유리한 경우와 불리한 경우는 어떻게 다른가요?

택스코디   부담부증여는 증여재산에 증여일 현재 담보된 증여자의 채무(전세보증금·주택담보대출)가 있을 때, 그 채무를 증여받는 사람이 인수하는 걸 말합니다. 따라서 부담부증여의 경우 증여받은 사람은 증여받은 자산에서 채무를 뺀 금액에 대해 증여세를 부담하고, 증여한 사람은 채무 부분에 대해 양도소득세를 부담해야 합니다.

예를 들어 부모가 자녀에게 10억 원의 아파트를 단순 증여하면 다음과 같이 자녀는 2억 원이 넘는 증여세를 내야 합니다.

- 과세표준 = 10억 원 - 5천만 원(성년 증여공제) = 9억 5천만 원
- 증여세 = 과세표준 × 세율
  = 9억 5천만 원 × 30% - 6천만 원(누진공제)
  = 2억 2,500만 원 (계산 편의상 신고세액공제는 생략)

하지만 만약 해당 아파트에 전세보증금 5억 원이 껴있어 자녀가 전세보증금 5억 원까지 같이 물려받게 된다면, 10억 원에서 보증금을 차감한 5억 원을 기준으로 다음과 같이 8,000만 원의 증여세를 내면 됩니다. 재산과 함께 넘겨준 채무 5억 원에는 양도세가 부과되며, 증여자인 부모가 내야 합니다.

- 과세표준 = 5억 원 - 5천만 원(성년 증여공제) = 4억 5천만 원
- 증여세 = 과세표준 × 세율
      = 4억 5천만 원 × 20% - 1천만 원(누진공제)
      = 8,000만 원 (계산 편의상 신고세액공제는 생략)

일반적으로 증여세와 양도소득세의 합이 단순 증여한 경우 부과하는 증여세보다 적으면 부담부증여를 통해 증여하는 것이 유리할 수 있습니다. 특히 1세대 1주택자라면 비과세 요건을 충족하는 경우 부담부증여를 통한 증여가 유리합니다. 양도소득세는 비과세이고 자산에서 채무를 뺀 부분에 대한 증여세만 내면 되기 때문입니다.

반면 다주택자라면 부담부증여가 불리할 수 있어 잘 살펴야 합니다. 특히 조정대상지역 다주택자라면 양도세율이 중과되어 증여세와 양도소득세의 합이 단순 증여할 때보다 커지기 때문입니다.

또한, 증여받는 사람이 1주택자라면 취득세 기본세율인 1~3%이 적용되지만, 조정대상지역에 있는 시가표준액 3억 원 이상의 아파트라면 무상으로 취득한 부분에 대해서는 12%를 부담해야 하므로 세율이 매우 올라간다는 사실도 주의해야 합니다.

세알못

부담부증여 시 주의해야 할 점은 무엇인가요?

택스코디

부담부증여로 이전된 채무는 반드시 증여받은 사람이 원금상환과 이자 지급을 직접 해야 합니다. 부모가 자녀의 이자를 대신 내주는 경우 증여로 간주해 증여세가 부과될 수 있습니다.

그리고 증여받는 사람이 증여세와 취득세를 부담할 경제력이 있어야 합니다. 수증자가 내야 할 세금을 증여자가 대신 낸다면, 대신 낸 세금에 추가로 증여세를 부담해야 하고, 이때 이미 증여한 재산과 합산돼 부과되기 때문에 증여세 부담은 훨씬 커집니다.

이외에도 부담부증여로 인정받기 위해서는 증여일 현재 증여재산에 담보된 채무(임대보증금 포함)가 있어야 하고, 그 담보된 해당 채무가 반드시 증여자의 채무이어야 하고, 해당 채무를 수증자가 반드시 인수하여야 합니다. 이 모든 조건을 만족해야 부담부증여로 인정받을 수 있습니다.

06

혼인증여공제를 이용하면, 최대 3억 원까지 증여세가 발생하지 않는다?

혼인증여공제를 이용하면, 최대 3억 원까지 증여세가 발생하지 않는다.

이 문장은 X입니다. 결론부터 말하자면 최대 3억 2천만 원까지 세금 없이 증여 가능합니다.

혼인하거나 출산한 자녀에게 최대 1억 원까지 증여세 없이 증여할 수 있는 '혼인출산 증여공제'가 2024년 1월부터 시행됐습니다. 혼인신고일 이전 2년 또는 혼인신고일 이후 2년 내 1억 원까지 세금 없이 증여받을 수 있습니다. 또 출산일로부터 2년 이내에 1억 원까지 세금 없이 증여받을 수 있습니다. 혼인출산 증여공제는 두 공제액을 합해 최대 1억 원까지 적용받습니다.

세알못

2021년 12월에 결혼식을 올리고 부득이한 사정으로 2022년 12월에 혼인신고를 했습니다. 2024년 9월에 부모님께 현금을 증여받았습니다. 결혼식을 올린 지 2년이 지났는데, 혼인 증여재산공제를 받을 수 있나요?

택스코디

혼인일은 혼인관계증명서 상 신고일을 말하는 것으로 결혼식을 올린 날과는 무관합니다. 따라서, 세알못 씨는 2021년 12월에 결혼식을 올렸더라도 2022년 12월에 혼인신고를 했다면 증여일(2024년 9월) 전 2년 이내에 해당하므로 혼인 증여재산공제를 적용받을 수 있습니다.

세알못

첫째 아이를 출산한 지 2년이 지나서 출산 증여재산공제를 받지 못했습니다. 둘째가 곧 태어날 예정인데, 출산 증여재산공제를 적용받을 수 있나요?

택스코디

출산 증여재산공제는 자녀의 출생순서와는 무관하게 적용되므로 둘째 출생일부터 2년 이내에 재산을 증여받으면 출산 증여재산공제가 적용됩니다.

다만, 혼인 증여재산공제와는 다르게 출생일·입양신고일 전에 증여받으면 적용되지 않으므로 증여계획이 있다면 자녀의 출생일·입양신고일 이후에 증여받아야 합니다.

또한, 혼인 증여재산공제는 초혼, 재혼 여부와는 무관하게 적용되며, 미혼인 상태에서 자녀를 출산하거나 입양을 하더라도 출산 증여재산공제를 적용받을 수 있습니다.

참고로 일반적인 증여재산공제는 10년 한도의 금액을 적용하지만, 혼인·출산 증여재산공제는 수증자를 기준으로 평생 적용받을 수 있는 한도가 1억 원입니다. 예를 들어, 평생 한도가 1억 원이므로 초혼 때 7천만 원을 공제받았다면 재혼 때 3천만 원을 받을 수도 있고, 또는 혼인했을 때 7천만 원 공제받았다면 첫째를 낳았을 때 3천만 원을 받을 수 있습니다.

양가의 직계존속으로부터 각각 증여받았을 때, 각각의 자녀가 1억 원씩 최대 2억 원까지 받을 수 있습니다. 최근 10년 내 증여받은 재산이 없다면 일반 증여재산공제 5,000만 원을 포함해 최대 3억 원까지 증여세 없이 증여하는 게 가능합니다. 이때 증여재산의 종류에는 특별한 제한이 없습니다. 현금은 물론 부동산도 가능하다는 이야기입니다.

세알못 며느리나 사위한테 증여해줘도 1,000만 원까지 증여재산공제됩니다. 이걸 활용하면 절세가 더 될까요?

장인과 장모님, 시아버지와 시어머니는 직계존속이 아니라 기타친족이니 증여재산 1,000만 원까지 공제가 됩니다. 부모님으로부터 1억 5,000만 원을 혼인자금공제로 활용하고, 장인으로부터 1,000만 원을 추가로 받으면 1억 6,000만 원을 세금 없이 증여받을 수 있습니다. 이런 방식으로 부부가 세금 없이 받을 수 있는 금액은 총 3억 2,000만 원이 됩니다.

혼인·출산 등의 사유가 발생하면 직계존속으로부터 증여받아야 합니다. 부모님뿐만 아니라 할아버지·할머니, 외할아버지·외할머니도 직계존속에 포함됩니다. 즉 공제 한도 1억 원 범위 안에서는 본인의 직계존속인 부모님에게서 증여받아도 되고 조부모님에게서 증여받아도 되는 것입니다. 만약 조부모님의 자산이 많다면 부모님이 아닌 조부모님으로부터 증여받는 것이 추후 전체적인 상속·증여세 절세 관점에서 유리합니다.

조부모님에게 증여받는 게 유리하다고요? 그 이유가 무엇인가요?

부모님과 조부모님 모두에게 증여받는다면 증여 순서도 잘 따져야 합니다. 먼저 조부모님으로부터 '10년간 5,000만 원의 일반증여공제'와 '1억 원의 혼인출산 증여공제'를 활용해 먼저 증여받고 이후 부모님으로부터 증여받는 것이 유리할 수 있습니다. 그 이유는 조부모님으로부터 증여받는 경우 30% 할증과세를 하는데, 증여공제를 활용해 할증과세를 피할 수 있기 때문입니다.

• 세대생략 증여 시 할증과세란?

자녀에게 증여를 한 번 하고, 자녀가 다시 손자녀에게 증여하게 된다면 두 번의 증여세를 내야 하는데 손자녀에게 직접 증여하면 한 번의 증여세만 내도 됩니다. 이처럼 손자녀에게 곧바로 증여하는 것을 세대생략증여라고 합니다. 세대생략증여로 인한 과세상 불균형을 방지하기 위해 증여가 세대를 건너뛰어 이뤄질 때, 원칙적으로는 일반적인 증여세 산출세액에 30%를 가산해 금액을 과세합니다. 또한, 2016년 1월 1일 이후에 증여한 경우 증여를 받는 손자녀가 미성년자이고 증여재산가액이 20억 원을 초과하는 경우 40%를 가산하도록 법이 개정되었습니다. 자녀가 먼저 사망해 손자녀에게 직접 증여할 수밖에 없는 경우에는 할증이 적용되지 않습니다.

07

자녀에게 아파트를
시가보다 낮게 팔아도
증여세가 발생한다

자녀에게 아파트를 시가보다 낮게 팔아도 증여
세가 발생한다.

이 문장은 O입니다. 결론부터 말하자면 자녀에게 아파
트를 시가보다 30% 이상 또는 3억 원 이상 낮게 팔면
증여세가 부과됩니다.

예를 들어 시가 11억 원인 아파트를 9억 원에 거래하면 시가와 거래가 차액은 2억 원입니다. 이는 시가의 30% (3억3,000만 원) 범위 안에 있고, 3억 원을 넘지 않기 때문에 증여세 과세대상이 아닙니다. 하지만 거래가액이 7억 원으로 시가와 4억 원 차이 나면 얘기가 달라집니다. 시가의 30%는 물론 3억 원 이상 차이 나 증여세가 부과되기 때문입니다. 이럴 때는 시가와 거래가 차액인 4억 원에서 시가의 30% (3억3,000만 원)와 3억 원 중 적은 금액 (3억 원)을 뺀 1억 원에 대해 증여세를 매깁니다.

무주택자인 40대 직장인입니다. 부모님이 보유한 아파트(1주택자 양도소득세 비과세 요건 충족)를 사려고 합니다. 문제는 시가 (10억 원)대로 구입하자니 자금이 부족하고, 가족 간의 거래인 탓에 무턱대고 싸게 사면 세금을 내야 하는 처지가 될까 걱정입니다.

부모님이 양도소득세 비과세 요건을 충족한 1주택자라면 가족에게 싸게 파는 방법을 고민해볼 수 있습니다. 세대 분리가 돼 있는 자녀에게 저가에 매각하는 것입니다. 이 경우 부모는 1주택자 비과세 요건을 충족하기 때문에 양도소득세를 아낄 수 있습니다. 자녀는 명의 이전에 따른 취득세만 내면 되고 무주택자라면 취득세율도 낮아집니다. 이때 자녀의 자금출처를 소명해야 한다는 점은 주의해야 합니다.

특수관계인 간의 저가양수도 시 매도자인 부모님은 양도소득세를 매수자인 자녀는 증여세 및 취득세를 신경 써야 합니다. 이때 매도자가 1세대 1주택 또는 일시적 2주택으로 양도소득세 비과세 대상이면 저가양수도를 적극 고려하면 좋습니다. 다만, 고가주택이나 2주택자부터는 비과세 대상이 아니라 양도소득세를 산출해야 합니다. 이때는 일반증여나 부담부증여와 세금 부담 차이를 비교해봐야 합니다.

가족 간 '저가양수도' 방안을 이용하면 매수자인 자녀는 시가 대비 낮은 가격으로 부동산을 취득해 추후 부동산 가격 상승효과를 누릴 수가 있고, 취득세도 무주택자 유상취득세율을 적용받아 세금 부담을 낮출 수 있습니다.

1주택자인 부모님이 시가 10억 원 아파트를 자녀에게 7억 원으로 저가양도하면 10억 원을 기준으로 양도소득세를 다시 계산해야 합니다. 소득세법상 부당행위계산 부인 규정이 적용되기 때문입니다. 하지만 매도자인 세알못 씨 부모님은 1세대 1주택 비과세 대상이기 때문에 양도소득세 부담은 없습니다.

그리고 매수자인 자녀는 시가보다 3억 원 싸게 부동산을 샀기 때문에 증여세가 발생할 수 있다고 생각할 수 있습니다. 하지만 결과적으로 이 사례에서 증여세는 0원이 됩니다.

상속세 및 증여세법에서 특수관계인 간 재산을 시가보다 낮은 가액으로 살 때 '시가와 대가의 차액'이 기준금액(시가의 30% 혹은 3억 원 중 적은 금액) 이상이라면 전자에서 후자를 뺀 금액을 증여재산 가액으로 규정하고 있어서입니다.

따라서 두 수치 모두 3억 원이 되므로 그 차이는 '0' 입니다. 집을 넘기는 부모님도 양도세를 내지 않아도 되고, 이를 받는 자녀(세알못 씨) 역시 증여세를 낼 필요가 없게 되는 셈입니다.

세알못

가족 간 '저가양수도' 방안을 이용할 때 주의할 점은 무엇인가요?

택스코디

특수관계인 간 부동산 거래에서도 제 3자와의 매매처럼 형식을 갖춰야 합니다. 우선 자녀에게 명의 이전 시 별도세대를 구성하고 있는지 확인해야 합니다. 1세대는 주택을 취득하는 사람과 '주민등록표'에 함께 등재된 가족으로, 취득일 현재 만 30세 미만 자녀는 주민등록표에 없어도 동일세대에 포함된 것으로 간주합니다. 다만 이에 해당해도 예외적으로 월 소득이 중위소득의 40% 이상이면 별도세대 구성이 가능합니다. 동일세대에 매도 시 여전히 2주택으로 불이익이 발생할 수 있어 반드시 세대 분리 작업을 선행해야 합니다.

다음으로 정확한 시가 파악이 필요합니다. 이때 부동산 상승기 높은 유사매매사례가액을 시가로 보는 불이익을 피하기 위해선 감정평가를 받아 시가를 낮추는 방법을 채택할 수도 있습니다.

마지막으로 거래금액에 대한 자금출처도 분명히 해야 합니다. 가족 간 부동산 거래는 특히 과세관청에서 주의 깊게 들여다보기 때문입니다. 자금이동이 없거나, 출처 입증을 못 하면 해당 거래를 매매가 아닌 증여로 볼 수 있습니다. 거래대금 마련에 대한 구체적이고 객관적인 자료를 준비해놔야 하는 이유입니다. 부모에게 거래대금을 지불해야 하고, 해당 자금을 어떤 방식으로 형성했는지 증빙하는 절차가 필수적입니다. 예금잔액증명서, 근로소득원천징수영수증, 부동산매매계약서, 금융거래확인서 등 제출을 요구받을 수 있습니다.

08

부모님 집에 무상으로 살아도 증여세가 부과된다?

부모 명의 집에서 자식이 무상으로 거주해도 증여세가 발생할 수 있다.

이 문장은 O입니다. 일반적으로 증여세는 재산을 직접 받았을 때만 부과되는 것으로 생각하기 쉽습니다. 그런데 우회적으로 재산을 받은 때도 증여세가 부과될 수 있습니다. 부모의 집에 자식이 무상으로 거주했을 때도, 부모에게 직접 금전을 받지는 않았지만, 세법에서는 임대인에게 임대료를 지급하지 않는 것은 사실상 임대료만큼 증여받은 것과 같은 것으로 보고 있습니다.

세알못

직장 때문에 서울에 집을 구해야 하는 상황이지만, 비싼 집값 탓에 당장 가진 자금으로는 턱도 없습니다. 결국, 부모님 소유 집에 무상으로 살면서 그동안 돈을 모아 내 집을 마련하겠단 계획을 세웠습니다. 그런데 주변에서 가족의 집에 무상으로 거주하면 세금이 나올 수도 있다고 하는데, 사실인가요?

택스코디

부모의 집에 자녀만 사는 경우, 증여세가 부과될 수 있으니 주의해야 합니다. 세알못 씨처럼 타인 명의 부동산을 임대료 등 비용을 지급하지 않고 사용하는 때엔 '부동산 무상사용에 따른 이익의 증여' 규정에 따라 증여세가 부과될 수 있습니다. 다만 모든 사례에 일괄 적용되는 기준은 아니므로 요건을 잘 따져야 합니다.

구체적으로 살펴보면 부동산 무상사용 시점부터 향후 5년간 그로 인한 이익 합계액이 1억 원 이상일 때만 증여세가 부과됩니다. 과세대상이 되는 무상사용 이익 계산법은 다음과 같습니다.

· 무상사용 이익 = 해당 부동산 가액 × 2%(0.02) × 3.7908

여기서 '2%'는 1년간의 부동산 사용료를 고려해 정부가 정하는 비율로, 세법에서 부동산 가액의 2%를 적정한 임대료 수준으로 본다고 이해할 수 있습니다. 또 '3.7908'은 부동산 사용 기간이 5년 지속할 것으로 가정해 이 기간 부동산 사용이익을 10% 이자율을 적용해 현재가치로 환산한 수치입니다.

만약 부모님 소유주택이 13억 원이라면 무상사용이익은 9,856만 원(13억 원 × 2% × 3.7908)이 되는 셈입니다. 1억 원이 되지 않으므로 증여세는 부과되지 않습니다. 하지만 시가가 1억 원만 높아도 증여세 낼 준비를 해야 합니다. 14억 원이라면 무상사용이익이 1억 614만 원(14억 원 × 2% × 3.7908)이 돼 이를 증여재산으로 봐서입니다.

하지만 부동산 소유자인 부모님과 함께 거주한다면 증여세를 낼 필요는 없습니다. 고가의 부동산을 무상으로 임대하는 방법으로 재산을 이전하는 경우 과세하려는 목적이지, 함께 거주하는 가족에게까지 과세하려는 취지가 아니기 때문입니다.

따라서 세알못 씨가 증여세를 전혀 부담하지 않으려면 부동산 시가가 약 13억 원 이상이 아닌지 살펴볼 필요가 있습니다.

이때 시가는 '매매가액 → 감정가액 → 유사매매사례가액 → 기준시가' 순으로 적용됩니다. 다시 말해 매매가액이 없다면 감정가액으로, 감정가액이 없다면 유사매매사례가액으로 평가한다는 뜻입니다. 기간은 무상사용을 시작한 날을 기준으로 앞선 6개월, 이후 3개월 사이로 삼습니다.

세알못　그럼 부모님 소유 주택 시가가 14억 원이면, 증여세는 얼마나 내야 하나요?

택스코디　증여세 과세가액은 다음과 같이 무상사용이익인 1억 614만 원이 됩니다.

・증여세 과세가액 = 14억 원 × 2% × 3.7908 = 1억 614만 원

증여자가 직계존속이므로 증여공제액 5,000만 원을 적용하면 증여세 과세표준은 다음과 같이 5,614만 원입니다.

・증여세 과세표준 = 증여세 과세가액 - 증여공제
= 1억 614만 원 - 5,000만 원
= 5,614만 원

여기에 10% 세율을 적용하면 증여세 산출세액은 다음과 같습니다.

・증여세 산출세액 = 과세표준 × 세율
= 5,614만 원 × 10%
= 561만 4,000원

여기에 신고세액공제 3% (약 16만 원)을 제하면 내야 할 최종 증여세는 약 545만 원입니다. (다만 10년 내 사전증여재산이 있는 경우에는 증여세 계산이 달라집니다.)

참고로 무상사용 기간도 잘 고려해야 합니다. 5년마다 부동산 무상사용이익을 계산하기 때문에 무상사용 기간이 5년을 초과했다면 새롭게 무상사용을 개시한 것으로 보고 다시 증여세를 따지기 때문에 이를 유의해야 합니다.

09

창업자금으로 증여받으면 5억 원까지는, 증여세를 10원도 내지 않는다

창업자금으로 증여받으면 5억 원까지는, 증여세를 10원도 내지 않는다.

이 문장은 O입니다. '창업자금 과세특례' 제도를 이용하면 증여세 과세가액에서 5억 원을 공제하기 때문에 5억 원까지는 증여세가 발생하지 않습니다.

창업을 활성화하기 위해 나라에서 세금 혜택을 주는 경우가 있습니다. 예를 들어 청년이 창업하면 5년간 종합소득세나 법인세를 최대 100% 세금을 감면받을 수 있고, 수도권 과밀억제권역에서 창업해도 50%를 감면받습니다. 청년 본인이 창업하지 않더라도, 부모 세대의 부를 창업을 통해 자녀에게 이전하면 세금에 대한 혜택이 있습니다. 일반적인 증여보다는 경제를 활성화한다는 의미에서 주어지는 혜택입니다.

세알못

음식 만들기를 좋아해 취업보다는 창업을 준비 중입니다. 대학가 근처에 레스토랑을 오픈할 예정인데, 최근 물가가 많이 올라 창업 비용이 처음 예상했을 때보다 대폭 늘어나 걱정입니다. 자금이 부족해 부모님에게 도움을 요청하려고 하니 증여세가 걱정인데, 창업할 때는 증여세를 깎아준다는 이야기를 들었습니다.

택스코디

창업자금이 필요할 땐, '창업자금에 대한 증여 특례'를 활용하면 낮은 세율로 증여를 받을 수 있습니다. 한마디로 정리하면 다음과 같습니다.

'18세 이상 거주자(수증자)가 60세 이상 부모(증여자)로부터 최대 50억 원 한도로 특례증여세율 10%를 부담하고 증여받을 수 있다.'

구체적으로 말하면 '창업자금 과세특례'란 18세 이상인 사람이 중소기업 (조특법 제63조 제3항 각호에 따른 업종을 영위하는 기업)을 창업할 목적으로 60세 이상의 부모 (부모 사망 시 조부모)로부터 창업자금을 증여받았을 때 증여세 과세가액에서 5억 원을 공제하고 10% 세율을 적용하는 것을 말합니다.

다음 표를 보면 둘 다 똑같이 현금으로 5억 원을 증여받았지만, 일반 증여를 받으면 8,000만 원 가까이 세금으로 내야 합니다. 그러나 창업자금 목적으로 증여를 받으면 증여세 과세가액에 5억 원이 공제되기 때문에 세금을 10원도 내지 않아도 됩니다. 따라서 창업자금으로 증여가 이뤄지면 증여세 한 푼 없이 5억 원을 증여받을 수 있습니다.

구분	일반 5억 원 증여	창업자금 5억 원 증여	비고
증여재산가액	5억 원	5억 원	현금으로 증여
증여공제	5천만 원	5억 원	• 일반 증여공제: 5천만 원(성인 자녀) • 창업자금 증여공제: 5억 원
과세표준	4억 5천만 원	0원	증여재산가액 - 증여공제
증여세 (과세표준×세율)	8천만 원 (4억 5천만 원 × 20% - 누진공제 1천만 원)	0원	• 일반 증여: 20% 기본세율 • 창업자금 증여: 10% 특례세율
차이	8천만 원		

세알못

창업자금 증여 특례를 적용받기 위한 구체적인 기준은 어떻게 되나요?

택스코디

창업자금 증여 특례를 적용받으려면 법에서 정한 일정 기준을
충족해야 합니다. 그 기준은 다음과 같습니다.

· 18세 이상이 증여받을 것
· 60세 이상의 부모로부터 받을 것
· 증여받는 재산은 양도소득세 과세대상물이 아닐 것
· 법에서 정한 중소기업 업종을 창업할 것
· 증여받은 날로부터 2년 이내 창업, 4년 이내 사용할 것
· 창업한 사업을 10년간 유지할 것

세알못

창업자금 증여세 과세특례 적용 시 법에서 정한 업종은 구체
적으로 어떻게 되나요?

택스코디

조특법 제6조 제3항에 규정되어 있는 창업중소기업에 해당해
야 특례를 적용받을 수 있습니다. 광업, 제조업, 건설업, 통신
판매업, 음식점업, 정보통신업, 전문, 과학 및 기술 서비스업,
사회복지 서비스업, 예술, 스포츠 및 여가 관련 서비스업, 협회
및 단체, 수리 및 기타 개인 서비스업 등에 해당합니다.
현재 법에서 열거하는 중소기업 업종은 부동산임대업, 소비
성 서비스업종 등 일부 제한을 둔 업종을 제외하면 대부분 업
종은 가능합니다. 예를 들어 카페는 되지 않지만, 음식점, 제조
업, 건설업, 통신판매업 등은 가능합니다.

그리고 합병, 분할, 현물출자 또는 사업 양수 등을 통해 기존 사업

을 승계하는 등 창업과 관련이 없는 개업일 때는 이 제도 혜택을 누릴 수 없습니다. 폐업한 경우 다시 개업해 그 전과 같은 종류의 사업을 이어간다거나 종전 사업체에 다른 업종을 추가하는 방식도 역시 창업자금 증여 특례는 이용할 수 없습니다.

증여 대상 자산은 통상 금전이며, 양도소득세 과세대상 자산인 토지, 건물, 주식, 부동산을 취득할 수 있는 권리 등은 제외됩니다.

또 자금을 증여받은 자녀는 이를 사업 관련 자금으로만 써야 합니다. 개인적 물품 구매나 여행비, 교육비 등으로 쓰면 안 된다는 소리입니다. 법령에서 사업용 자산의 취득자금 및 사업자 임차보증금, 임차료 지급액 등에 대해 사용하도록 구체적으로 규정하고 있고 이를 지켜야 합니다. 또 4년 기간 안에 모두 소진해야 가산세 등 불이익을 받지 않습니다.

증여받은 자녀(수증자)는 이 같은 사항들을 유념하고, 증여세 신고 기한까지 관할 세무서에 창업자금 특례 신청서, 사용 내역서 등을 제출해야 합니다.

세알못   그럼 창업자금 목적으로 50억 원을 증여받으면, 일반증여와 비교해 세금 차이가 얼마나 날까요?

택스코디   한도인 50억 원 (창업 시 정규직 고용인원이 10명 이상이면 100억 원까지 가능)을 증여받으면, 절세 효과는 더욱 커집니다. 현금으로 똑같이 증여받았지만, 창업자금 목적으로 증여받지 않았을 때 증여세는 20억 원이 넘어, 50억 원을 증여받더라도 손에

쥐는 돈은 30억 원이 채 되지 않습니다. 그러나 창업자금으로 증여받는다면 증여세는 4억 5,000만 원으로 세금 차이가 15억 원이 넘습니다. 다음 표를 참고합시다.

구분	일반 50억 원 증여	창업자금 50억 원 증여	비고
증여재산가액	50억 원	50억 원	현금으로 증여
증여공제	5천만 원	5억 원	• 일반 증여공제: 　5천만 원(성인 자녀) • 창업자금 증여공제: 　5억 원
과세표준	49억 5천만 원	45억 원	증여재산가액 - 증여공제
증여세 (과세표준×세율)	20억 1천 5백만 원 (49억 5천만 원 × 50% - 누진공제 4 억 6천만 원)	4억 5천만 원 (45억 원 × 10%)	• 일반 증여: 　50% 기본세율 • 창업자금 증여: 　10% 특례세율
차이	15억 6천 5백만 원		

창업을 계획하고 있는 예비 창업자들에겐 정말 큰 혜택입니다. 창업자금으로 자녀에게 해당 자금을 2회 이상으로 나눠 줘도 이 기준을 똑같이 적용받을 수 있어 활용도가 높습니다. 물론 총합계 금액은 한도 내로 설정돼야 합니다.

창업 전 5억 원 안쪽으로 증여한 후 사업을 어느 정도 진행한 후에 나머지 자금을 증여하게 되면 효율성을 극대화할 수 있습니다. 다시 말해 5억 원을 먼저 증여받고, 3년 후 사업 규모를 직원 10명 이상으로 성장한 후 95억 원을 추가로 증여받는 방법이 가능합니다. 이런 식으로 창업자금 증여 특례제도를 활용하면 처음엔 세금이 아예 발생하지 않고, 3년 후에는 10% 특례세율이 적용되어 많은 세금을 줄일 수 있습니다.

증여받은 뒤 사후관리도 중요합니다. 잘못했다간 불이익을 받을 수 있습니다. 해당 자금을 4년 이내 창업 목적으로만 써야 한다는 원칙 외에도, 10년 이내 해당 사업체가 폐업하면 안 된다는 규칙도 지켜야 합니다. (다만, 부채가 자산을 초과해 폐업하는 경우, 영업상 필요 또는 사업 전환을 위해 1회에 한해 2년 이내 기간에서 휴업·폐업하는 경우는 사후관리 제재 대상에서 제외합니다.)

10

자금출처조사
어떤 경우에 발생하나?

만 32세의 직장인이 결혼과 동시에 시세 2억 2천만 원짜리 집을 샀다. 이런 경우 자금출처조사 대상이다.

이 문장은 O입니다. 30세 이상 세대주이므로 증여 추정 배제기준 금액은 1억 5천만 원까지입니다. 따라서 시가 2억 2천만 원짜리 집을 샀으니 자금출처조사 대상자에 해당합니다.

소득이 높지 않거나 너무 어린 사람이 비싼 부동산을 사게 되면 '돈이 어디서 나서 샀을까?'라는 의문이 생기겠죠. 부동산을 취득한 경우 부동산을 취득한 사람의 직업, 나이, 소득 및 재산 상태 등을 보고 자력으로 부동산을 취득했다고 인정하기 어렵다면 자금출처를 입증하도록 하고 있습니다.

만약 소명 과정에서 취득자금의 원천을 밝히지 못하면 국세청은 이를 증여로 추정해서 증여세를 부과할 수 있습니다. 이때는 '증여 추정' 기준을 적용해 누구로부터 취득자금을 받았는지에 대한 확인 없이 과세할 수 있습니다.

그런가 하면 '증여 추정 배제' 기준도 있습니다. 일정 금액 이하의 부동산을 취득하는 경우에는 자금출처 입증 규정을 적용하지 않는 걸 증여 추정 배제기준이라고 합니다. 일정 금액 아래의 부동산까지 세무서에서 일일이 다 들여다보기엔 무리가 있으니 따로 조사 없이는 입증 책임을 물지 않겠다고 하는 겁니다. 다음 표를 참고합시다.

증여 추정 배제기준

구분	취득 재산		채무상환	총액한도
	주택	기타재산		
30세 미만	5천만 원	5천만 원	5천만 원	1억 원
30세 이상	1억 5천만 원	5천만 원	5천만 원	2억 원
40세 이상	3억 원	1억 원	5천만 원	4억 원

세알못 올해 만 32세로 평범한 직장인입니다. 결혼과 동시에 시가 2억 2천만 원짜리 집을 샀습니다. 자금출처조사를 받게 될까요?

택스코디

관할 등기소에 소유권이전등기를 신청하면 그 내역이 국세청 전산실로 바로 전송됩니다. 30세 이상이므로 1억 5천만 원까지만 증여 추정을 배제하기에 시세로 보면 자금출처조사 대상자에 해당합니다. 자금출처 소명자료를 요구받았으면 자금출처에 대해 증명을 해야 합니다. 다음 표를 참고합시다.

출처 유형	입금 금액	증빙서류
근로소득	총급여액 - 원천징수액	원천징수 영수증
이자, 배당소득	총 지급받은 금액 - 원천징수액	원천징수 영수증, 통장 사본
채무 부담	차입금, 전세보증금	채무부담확인서, 전세계약서
재산 처분	매매가격 등	매매계약서 등
상속, 증여재산	상속 또는 증여받은 재산 금액	상속세, 증여세 신고서

근로소득, 이자소득과 금융권을 통해 대출받은 돈 등은 자금출처로 확실히 입증할 수 있는 수단입니다.

입증을 모두 한 상태에서 입증되지 않은 금액이 취득가액의 20%와 2억 원 중 적은 금액에 미달하면 자금출처에 대한 입증 책임을 면제합니다. (이런 경우에는 증여세를 부과하지 않습니다.)

세알못

임대사업을 하기 위해 5억 원짜리 건물을 구입했습니다. 5억 원 중 2억 원은 자금출처를 입증했지만, 3억 원은 입증하지 못했습니다. 증여세는 얼마나 나올까요?

택스코디 먼저 입증하지 못한 금액 3억 원이 취득가액 5억 원의 20%인 1억 원과 2억 원 중에서 적은 금액인 1억 원보다 많으므로 입증 면제 기준에 해당하지 않습니다. 따라서 3억 원에 대한 증여세가 부과됩니다.

증여세는 성년 자녀의 경우 10년간 5천만 원이 공제되므로 세알 못 씨의 과세표준은 2억 5천만 원이 됩니다. 여기에 세율 20%와 누진공제 1천만 원을 적용하면 증여세는 4천만 원 정도가 계산됩니다.

자금출처조사는 취득가액이 클수록, 나이가 어릴수록 발생 가능성이 커집니다. 다음과 같은 경우에는 자금출처조사 확률이 높으므로 꼭 주의해야 합니다.

- 미성년자가 주택 등 부동산을 구입한 경우
- 소득입증이 되지 않음에도 불구하고 고가의 부동산을 취득한 경우
- 고소득자가 고가의 부동산을 구입한 경우
- 부담부증여 등에 의해 부채를 상환한 경우
- 투기과열지구에서 주택을 취득해 자금조달계획서를 제출한 경우
- 금융소득 종합과세를 적용받은 경우
- 투기지역 등에서 고가의 거래를 하는 경우
- 고령자가 고가의 부동산을 취득한 경우 등

이 정도만 알아도
절세 고수

01

재산이 10억 원이
넘지 않으면, 상속세 대비를
하지 않아도 된다?

재산이 10억 원이 넘지 않으면, 상속세 대비를
하지 않아도 된다.

이 문장은 X입니다. 결론부터 말하자면 재산이 10억 원
미만이더라도 상속인 현황에 따라 상속세가 부과될 수
있습니다.

상속세를 계산할 때에는 가장 먼저 상속될 순자산이 얼마인가부터 파악해야 합니다. 순자산이란 총자산에서 부채를 뺀 값입니다.

- 순자산 = 총자산 - 부채

이렇게 순자산이 정해지면 다음은 공제항목들을 차감해 과세표준을 구해야 할 차례입니다. 공제항목만 제대로 이해하고 적용하면 사실상 상속세 계산은 끝입니다. 상속 시 적용되는 공제는 일반적으로 특별한 요건 없이 적용받을 수 있는 공제인 일괄공제, 배우자상속공제, 그리고 금융재산공제 등입니다.

- 과세표준 = 순자산 - 상속공제

상속공제 중 대표적인 공제가 일괄공제입니다. 일괄공제 대신 기초공제 2억 원과 그 밖의 인적공제를 합한 금액을 적용할 수도 있지만, 그 밖의 인정공제가 3억 원이 넘지 않는 경우가 대부분이라 일괄공제 5억 원을 적용받는 것이 유리합니다.

다음으로 배우자상속공제는 배우자가 생존해 있기만 해도 최소 5억 원에서 최대 30억 원까지 공제 가능합니다. 이렇게 일괄공제 5억 원과 배우자상속공제 5억 원을 더하면 최소 10억의 공제는 확보되는 셈입니다.

세알못

'재산이 10억이 넘지 않으면 상속세를 내지 않는다'는 말을 들었는데, 이 두 가지 공제를 두고 말한 것이군요.

택스코디

네, 맞습니다.

이제 과세표준에 세율을 적용하면 상속세가 계산됩니다.

- 상속세 산출세액 = 과세표준 × 세율

상속세 세율표는 다음과 같습니다.

과세표준	세율	누진공제액
1억 원 이하	10%	-
1억 원 초과 5억 원 이하	20%	1천만 원
5억 원 초과 10억 원 이하	30%	6천만 원
10억 원 초과 30억 원 이하	40%	1억 6천만 원
30억 원 초과	50%	4억 6천만 원

세알못

그럼 10억 원 이하인 아파트 한 채만 상속받는다면, 상속세 신경은 쓰지 않아도 되나요?

택스코디

이때는 상속인 현황이 중요합니다. 결론부터 말하자면 배우자와 자녀가 있으면 상속세는 발생하지 않습니다. 하지만 배우자 없이 자녀만 있다면 사정은 달라집니다.

똑같이 10억 원의 주택 한 채를 상속받아도, 배우자와 자녀 모두 있을 때는 최소 10억 원이 공제(일괄공제 5억 원 + 배우자공제 5억 원)돼 상속세가 나오지 않습니다. 반면 배우자 없이 자녀만 있다면 일괄공제 5억 원만 적용받아 같은 가격의 주택에 대해 상속세가 부과될 수 있습니다.

상속공제가 어떻게 적용되는지에 따라 상속세가 부과될 수 있고 아닐 수도 있습니다. 다음 표를 참고합시다.

배우자, 자녀 유무에 따른 상속공제

배우자와 자녀가 있을 때: 공제금액 10억 원 ~ 35억 원	
일괄공제	5억 원
배우자공제	5억 ~ 30억 원
배우자만 있을 때: 공제금액 7억 원 ~ 32억 원	
기초공제	2억 원
배우자공제	5억 ~ 30억 원
자녀만 있을 때: 공제금액 5억 원	
일괄공제	5억 원

02

실제 30억 원을 상속받았는데, 배우자공제 30억 원을 적용받을 수 없다?

배우자공제가 최대 30억이라고 해도 배우자의 법정 상속지분 이상은 공제되지 않는다.

이 문장은 O입니다. 피상속인의 배우자가 실제 상속받은 금액이 30억 원일지라도, 무조건 배우자 상속공제로 30억 원을 공제받을 수 없습니다.

거주자의 사망으로 상속개시일 현재 배우자가 생존하고 있을 때, 배우자가 30억 원을 상속받으면 배우자 상속공제액인 30억 원을 전부 공제받을 수 있다고 생각하는 사람들이 종종 있습니다. 하지만 피상속인의 배우자가 실제 상속받은 금액이 30억 원인 경우에도, 무조건 배우자 상속공제로 30억 원을 공제받을 수는 없다는 점을 주의해야 합니다.

세알못

그럼 배우자 상속공제 한도 계산은 어떻게 적용하는 것일까요?

택스코디

배우자 상속공제 한도는 최소 5억 원에서 최대 30억 원까지입니다. 배우자가 30억 원 이상을 상속받아도 최대 30억 원까지만 공제를 받을 수 있습니다.

배우자 상속공제 한도 계산방법은 다음 세 가지 중 적은 금액을 한도로 합니다.

① 배우자가 실제 상속받은 금액
② 배우자의 법정상속가액 – 상속개시 전 10년 이내에 배우자가 사전증여받은 재산에 대한 과세표준
③ 30억 원

참고로 배우자가 실제 상속받은 금액이 없거나 5억 원 미만이라도, 최소 5억 원은 공제받을 수 있습니다.

상속액이면 상속액이지, '실제 상속받은 금액'은 무엇인가요?

 배우자가 상속으로 인해 받는 순재산가액의 개념이라고 이해하면 됩니다. 예를 들어 배우자가 15억 원의 아파트를 상속받고, 승계받는 채무가 5억 원이 있다면 배우자가 실제 상속받는 금액은 10억 원이 되는 것입니다.

 배우자의 법정상속분 가액이란 무엇인가요?

 총상속재산가액에서 상속재산 중 상속인이 아닌 수유자가 유증·사인증여 받은 재산가액을 차감하고, 상속개시 전 10년 이내 피상속인이 상속인에게 증여한 재산가액을 더한 후 배우자의 법정 상속지분을 곱한 금액을 뜻합니다.

여기서 먼저 '상속재산가액'이 무엇인지 따져봐야 합니다. 총상속재산가액에서 비과세되는 상속재산, 공과금 및 채무, 공익법인등에 출연재산에 대한 과세가액 불산입액 등을 제외한 것을 상속재산가액이라고 합니다.

상속재산가액이 나오면, 여기에 상속인이 아닌 수유자가 유증과 사인증여로 받은 재산가액을 차감합니다. 그다음 상속개시 전 10년 이내에 피상속인이 상속인에게 증여한 재산가액을 더해야 합니다. 여기까지 나온 금액에 배우자의 법정 상속지분을 곱하면 배우자의 법정 상속분 가액이 됩니다. 이렇게 산정된 배우자의 법정 상속분 가액에서, 마지막으로 상속개시 전 10년 이내 배우자가 사전증여 받은 재산에 대한 과세표준을 차감하면 배우자의 상속공제 한도가 되는 것입니다. 가령 이렇게 계산된 금액이 10억 원이라면 아무리 배우자가 실제 상속받은 금액이 30억 원이라도 배우자 상속공제는 10억 원까지만 공제받을 수 있습니다.

배우자 상속공제를 받기 위해서는 배우자와 법률혼을 맺고 있어야 한다는 사실을 꼭 기억해야 합니다. 배우자 상속공제는 민법상 혼인으로 인정되는 혼인 관계에 의한 배우자로, 가족관계등록법에 따라 혼인신고를 해서 성립되는 법률혼만 인정됩니다. 다시 말해 사실혼 배우자는 배우자 상속공제 대상이 아닙니다. 이는 피상속인의 사망 당시 민법상 배우자의 요건을 충족해야만 배우자 상속공제가 가능하다는 소리입니다.

배우자 상속재산에 대한 협의분할과 등기·등록·명의개서(名義改書) 기한도 지켜야 합니다. 배우자 상속공제를 받으려면, 배우자 상속재산 분할기한(상속세 과세표준 신고기한의 다음 날부터 9개월 이내)까지 공동상속인들이 협의분할을 통해 배우자의 상속재산을 확정해야 합니다. 이 기한 내에 배우자가 실제 상속받은 재산에 대해서 반드시 배우자의 명의로 등기·등록·명의개서 등이 이뤄져야 합니다.

참고로 상속세 과세표준 신고기한은 상속개시일이 속하는 달의 말일부터 6개월 이내이며, 배우자 상속재산 분할기한은 상속세 신고 다음 날부터 9개월 이내입니다. 쉽게 말해, 피상속인이 사망하고 1년 3개월 이내 배우자 상속재산에 대한 등기나 명의개서 등이 이뤄져야 한다는 말입니다. 이렇게 해야만, 5억 원 이상인 상속액에 대해 배우자 상속공제가 가능합니다.

03

상속

상속세를 아끼려 한
사전증여, 독이 될 수 있다

아버지가 자녀에게 사전증여하고 나서 10년 이내에 돌아가셨다면, 상속세 계산할 때 이 증여금액을 더해서 계산한다.

이 문장은 O입니다. 상속세를 아끼려 시도한 사전증여가 오히려 불리할 수도 있습니다. 상속인인 자녀에게 사전증여 후 10년 이내에 사망했다면, 상속재산에 다시 합산되고 그 금액은 상속공제를 적용받을 수 없기 때문입니다.

우리나라 상속세는 앞서 본 것처럼 상속재산이 많아질수록 세율이 높아지는 누진세율 구조로 되어있습니다. 이런 이유로 사전증여를 통해 상속재산에 포함되는 재산을 줄여 낮은 구간의 상속세율을 적용하려는 시도를 많이 하고 있습니다. 상속할 재산을 미리 분산하면 상속세 과세표준이 줄어들게 됩니다. 따라서 사전증여를 하면 절세 효과가 있을 수 있습니다.

세알못

부인과 성인이 된 아들 둘과 함께 가족을 이루고 있습니다. 5억 원짜리 아파트 2채와 기타재산 2억을 더해 총 재산이 12억 원입니다. 부자들은 상속세를 줄이기 위해 사전증여를 한다는 말을 들었습니다. 저도 아파트 2채를 아들에게 사전증여하면 상속세를 줄일 수 있을까요?

택스코디

세알못 씨 사례에서는 자식에게 사전증여를 해도, 만약 10년 이내에 상속이 발생하면 오히려 세금이 더 나올 수 있으니 주의해야 합니다.

그 이유는 상속개시일로부터 10년 이내에 상속인들에게(상속인 외의 자의 경우 5년 이내) 증여한 재산은 상속재산에 가산하여 상속세를 계산하기 때문입니다. 이때 상속재산에 합산된 사전증여재산은 상속공제를 받을 수 없다는 사실을 명심해야 합니다.

그럼 사전증여를 했을 때와 사전증여 없이 모두 상속을 받을 때의 세금을 비교해봅시다.

▶ 사전증여를 한 경우 (10년 이내에 상속이 발생)

1. 증여세

- 구분: 증여재산 (1자녀 1인당) - 5억 원
- 과세표준 = 5억 원 - 5천만 원 (증여재산공제) = 4억 5천만 원
- 산출세액 = 4억 5천만 원 × 20% - 1천만 원(누진공제)
  = 8천만 원
- 총 증여세 = 증여받은 자녀 수 2인 × 8천만 원 = 1억 6천만 원

2. 상속세

- 구분 - 상속재산: 2억 원, 사전증여재산 (10년 이내): 10억 원, 상속공제: 2억 원 (상속재산에 합산된 사전증여재산은 상속공제를 받을 수 없으므로 일괄공제와 배우자공제 등 한도적용)
- 과세표준 = 2억 원 (상속재산) + 10억 원 (사전증여재산) - 2억 원 (상속공제) = 10억 원
- 산출세액 = 10억 원 × 30% - 6천만 원 (누진공제) = 2억 4천만 원
- 납부할 상속세 = 2억 4천만 원 - 1억 6천만 원(증여세액 공제)
  = 8천만 원

사전증여를 했지만, 10년 이내에 상속이 발생하면 총 납부할 세액은 증여세 1억 6,000만 원과 상속세 8,000만 원을 합해 총 2억4,000만 원이 됩니다.

▶ 사전증여 없이 모두 상속을 받을 때

- 구분 – 상속재산: 12억 원, 일괄공제: 5억 원, 배우자공제: 5억 원
- 과세표준 = 12억 원 – 10억 원 (일괄공제 + 배우자공제) = 2억 원
- 산출세액 = 2억 원 × 20% – 1천만 원(누진공제) = 3천만 원

사전증여를 하지 않았을 때 상속세 과세표준은 2억 원으로 사전증여를 한 경우인 10억 원과 비교해 8억 원이 적습니다. 다시 말하지만, 사전증여를 했을 때 오히려 과세표준이 더 큰 이유는 합산된 사전증여재산은 상속공제를 받지 못하기 때문입니다.

사전증여를 하지 않았을 때 상속세는 3,000만 원으로, 사전증여를 한 경우 증여세와 상속세를 합한 2억 4,000만 원보다 무려 2억 1,000만 원이 줄어들게 됩니다. 따라서 세알못 씨는 사전증여를 하지 않고 모두 상속을 하는 것이 유리합니다.

지금까지 살펴본 바와 같이 증여도 최적의 해법이 있는 것이 아니라 선택의 문제라 할 수 있습니다. 현 상황에서는 최선의 판단이었으나 결과적으로는 역선택이 될 수 있고 오히려 반대의 상황이 벌어질 수도 있습니다. 하지만 지금 아무것도 하지 않으면 미래에는 아무 일도 일어나지 않는다는 것은 누구도 부인할 수 없는 사실입니다. 상속의 경우 상속개시일로부터 10년 이내 증여한 재산은 상속재산에 가산되기 때문에 최소 10년 이상의 기간은 벌어 두고 자산 이전 계획을 생각해야 합니다.

04

이런 경우라면,
무조건 사전증여가 유리하다

시가가 상승할 것으로 예상하는 자산은 사전증여하면 좋다.

이 문장은 O입니다. 시가가 상승할 것으로 예상하는 자산은 사전증여하면 좋습니다. 그 이유는 10년 내 상속이 발생하더라도, 사전증여한 부동산은 상속일의 시세가 아니라 증여 당시의 시세로 합산되므로 사전증여를 통해 절세 효과를 볼 수 있기 때문입니다.

결론부터 말하자면 현금이 아니라 부동산을 사전증여하고 나중에 가격이 많이 오르는 상황에는, 10년 내 상속이 발생하더라도 사전증여를 통해 절세 효과를 볼 수 있습니다. 그 이유는 사전증여한 부동산은 상속일의 시세가 아니라 증여 당시의 시세로 합산되기 때문입니다.

예를 들어 총재산 15억 원 중 10억 원짜리 아파트 1채를 자녀에게 미리 증여하고, 다른 재산이 5억 원 남은 경우를 가정해봅시다. 나중에 아버지가 돌아가셨을 때, 이 아파트가 20억 원까지 2배 상승했다면, 설령 10년 내 상속이 개시된다고 하더라도 상속세를 크게 줄일 수 있습니다. 상속재산에 합산되는 사전증여금액은 증여했던 당시의 아파트 가격인 10억 원으로 고정되기 때문입니다.

 그럼 사전증여가 유리한 상황은 언제인가요?

 다음 두 가지 경우로 정리해 볼 수 있습니다.

1. 추후 시세 상승이 클 것으로 예상하는 부동산 또는 주식 등은 사전증여하는 것이 좋습니다.

2. 증여하고 나서 10년 후 상속이 예상되면 사전증여가 유리할 수 있습니다. (단, 적용받을 수 있는 상속공제가 크다면 사전증여가 필요 없을 수 있으니 함께 고려해야 합니다.)

사전증여가 유리할까? 상속이 유리할까? 처한 상황에 따라 답은 달라집니다. 다음과 같은 상황에서는 사전증여보다 상속이 유리합니다.

세알못

시골에서 평생 농사만 지으며 살아오신 아버지가 더는 힘이 부쳐 농사짓기가 힘드니 농지를 증여해주겠다고 합니다. 그런데 저는 직장을 다니고 있어 농사를 지을 생각이 없습니다. 농지를 받게 되면 즉시 팔 가능성이 매우 큽니다. 농지를 지금 증여받는 것과 아버지가 돌아가실 때 상속받는 것 중 어느 쪽이 세금 측면에서 더 유리한가요?

택스코디

아버지에게 농지를 증여 또는 상속받은 후 경작하지 않고, 양도할 가능성이 크다면 양도소득세도 같이 고려해야 합니다.

여기서 잠깐! 양도소득세와 관련해서는 '자경농지 세액감면' 요건을 충족할 경우 상당한 절세가 가능합니다. 농지소재지에서 거주하는 사람이 8년 이상 직접 경작한 농지를 양도하는 경우에는 양도소득세를 1년에 1억 원 한도 (5년간 세액감면 합계 2억 원 한도)로 감면해주는 것을 '자경농지 세액감면'이라고 합니다.

결론부터 말하자면 자경농지 세액감면은 증여보다 상속으로 받을 때가 절대적으로 유리합니다. 아버지가 8년 이상 재촌 자경한 농지를 자녀가 상속받는 경우 아버지(피상속인)가 경작한 기간도 자녀(상속인)의 경작 기간으로 인정해주기 때문입니다. 상속개시일(부친 사망일)로부터 3년 이내에 양도한다면 자경농지 세액감면 혜택을 받을 수 있습니다.

하지만 농지를 증여받으면 아버지가 경작한 기간을 자녀의 경작 기간으로 인정받지 못합니다. 따라서 아버지의 농지를 증여받는다면 자녀가 직접 8년 이상 재촌 자경해야만 양도 시 자경농지 세액감면을 받을 수 있습니다.

정리하면 농지를 받더라도 농사를 지을 계획이 없다면 부친으로부터 농지를 상속받아서 상속개시일로부터 3년 이내에 양도하는 것이 직접 경작하지 않고도 자경농지 세액감면을 받을 수 있으므로 양도소득세 측면에서 가장 유리합니다.

참고로 아버지의 농지는 자녀가 양도하는 날 기준으로 농지여야 하고 공부상 지목이 아닌 실제 사용 용도가 농지여야 하며 농지소재지가 비도시지역(관리지역·농림지역·자연환경보전지역)이어야 감면 혜택을 받을 수 있습니다. 혹시 농지소재지가 도시지역 (주거지역·상업지역·공업지역)으로 편입되었다면 편입된 날로부터 3년이 경과 하면 감면 혜택을 받을 수 없습니다.

05

이민을 가면
상속세를 피할 수 있다

이민을 가면 상속세를 피할 수 있다.

이 문장은 X입니다. 결론부터 말하자면 이민 간다고 해서 상속세를 완전히 회피할 수 없습니다. 대한민국의 상속세를 적용받고 싶지 않다면 사람과 재산 모두 같이 나가야 하기 때문입니다.

우리나라 상속세는 최고세율이 50%로 세계적으로 비교해도 높은 수준입니다. 이런 상속세는 1999년 개정된 후 2021년 하반기에 개정논의가 있었으나 일부 개정사항을 제외하면 큰 체계는 2024년 8월 현재까지 바뀌지 않았습니다.

상속세가 없거나 적게 내는 나라로 이민을 가면 상속세를 피할 수 있나요?

세알못 씨처럼 '상속세를 피하려고 이민 가야 하나?'라는 농담을 하는 사람들도 있습니다. 예를 들어 재산이 100억이 있는 자산가가 사망 시 배우자가 있으면 대략 26억 원, 배우자가 없으면 약 40억 원의 상속세를 내야 하니 수십억을 상속세로 낼 바에는 이민 가는 것이 더 낫겠다 생각이 들 수도 있을 법합니다.

하지만 안타깝게도 이민 간다고 해서 상속세를 완전히 회피할 수 없습니다. 대한민국의 상속세를 적용받고 싶지 않다면 사람만 나가면 될 일이 아니고, 재산도 같이 나가야 하기 때문입니다. 여기서 사람이 나간다는 의미는 국적을 말하는 것이 아닙니다. 외국 시민권을 획득하여 외국인이 된다고 해도 주된 거주지가 대한민국이라면, 다시 말해 세법에서 정의하는 거주자라면 국내와 국외 모든 자산에 대하여 상속세를 부과하게 됩니다. 단순히 국적을 변경하였다고 해서 대한민국의 상속세 및 증여세법의 적용을 피할 수 없다는 말입니다.

또 주된 거주지를 해외로 옮기더라도 완전히 상속세를 피할 수는 없습니다. 세법에서 정의하는 거주자가 아니라 하더라도 대한민국 내 자산에 대해서는 여전히 상속세를 부담해야 합니다. 즉 내가 대한민국 국민도 아니고 대한민국에 살지 않더라도 대한민국에 자산을 가지고 있다면 상속세를 내야 한다는 것입니다. 결국, 거주지를 해외로 옮기고 재산도 모두 처분하여 해외로 이전하지 않는 한 상속세를 피하기 어렵습니다.

세알못   그럼 재산을 다 처분하고 나가면 되지 않나요?

택스코디   그렇게 생각할 수도 있지만, 처분 시에 발생하는 세금이나 부대비용을 고려하면 이 또한 쉬운 문제는 아닙니다. 특히 부동산의 경우 양도소득세를 부담해야 해서 처분하고 나면 자산이 줄어들 수밖에 없고, 부동산에서 발생하던 임대소득이 있었다면 이것도 포기해야 합니다.

결국, 이민을 통해 상속세를 피하는 것은 현실적으로 어렵습니다. 사람이 수십 년 살아온 터전을 바꾸는 건 쉽지 않은 일입니다. 괜히 상속세 피하려다 더 중요한 것들에서 문제가 생길 수 있으니, 다소 억울하다는 생각을 할 수도 있지만 제일 현명한 방법은 현행 제도 아래에서 상속세를 줄이는 방법을 찾는 것입니다.

삼성가의 12조 상속세의 영향인지는 몰라도 2022년 상속세 납부 방법에 작은 변화가 있었습니다. 연부연납기간이 5년에서 10년으로 늘어났고, 미술품이나 문화재로 상속세를 물납할 수 있게 된 것입니다. 물론 상속세의 과세체계나 세율이 바뀐 것이 아니라 상속세 부담의 절대 금액이 변한 것은 아닙니다. 최근 들어 상속세를 내는 사람의 비율이 높아지긴 했지만, 상속세는 여전히 내는 사람보다 내지 않는 사람이 훨씬 많습니다. 쉽사리 개정되지 않는 이유입니다.

06

엄마가 대신 내준
상속세에도
증여세가 부과된다?

엄마가 대신 내준 상속세에도 증여세가 부과된다.

이 문장은 X입니다. 결론부터 말하자면 어머니가 대신 내준 상속세에는 증여세가 부과되지 않습니다. 상속인들은 모두 상속세 연대납세의무가 있기 때문입니다.

세알못

얼마 전 남편이 지병으로 사망하면서 70억 원에 이르는 재산은 법정상속 비율 대로 저와 자녀들에게 상속됐습니다. 금액으로 보면 제가 30억 원, 자녀는 각각 20억 원씩입니다. 상속세는 총 14억 원 정도로 계산됐습니다. 저는 이미 제 명의로 된 재산이 많습니다. 그래서 자녀들이 분담할 상속세를 제가 대신 내주고 싶습니다. 그런데 자식이 내야 할 부분의 상속세를 어머니인 제가 대신 내주면 증여로 평가돼 또다시 증여세가 부과되는 건가요?

택스코디

피상속인으로부터 상속받은 재산에 대해 내야 할 상속세는 유산 총액을 기준으로 계산합니다. 이렇게 계산된 상속세에 대해서 상속인 각자는 재산분배비율에 따라 납부할 의무가 있습니다.

이 사례에서 남편의 재산 70억 원은 법정상속 비율에 따라 상속됐습니다. 상속비율은 아내가 1.5이고, 자녀들은 각 1이 됩니다. 상속받은 비율대로 납부하면 상속세 14억 원에 대해서 아내가 6억 원(14억 원 × 1.5/3.5), 자녀들이 각각 4억 원(14억 원 × 1/3.5)씩 내야 합니다.

한편 상속인들은 각자가 받았거나 받을 재산을 한도로 연대해서 상속세를 납부할 의무가 있습니다. 상속인 중 일부가 분담해야 할 상속세를 내지 않을 경우, 나머지 상속인들이 연대책임을 진다는 말입니다.

어머니는 30억 원, 자녀들은 각자 20억 원을 상속받았습니다. 어머니 상속세 분담분은 6억 원이니, 자신이 상속받은 재산 30억 원에서 상속세 분담분 6억 원을 뺀 24억 원 범위 안에서 연대책임을 진다는 겁니다. 물론 자녀들이 상속세를 내지 않을 경우입니다.

정리하면 30억 원을 상속받은 어머니가 상속세 14억 원 전액을 납부해도 됩니다. 상속인들은 모두 상속세의 연대납세의무가 있기 때문입니다. 이렇게 어머니가 상속세를 전액 납부한다면, 자녀들의 상속세 부담은 완전히 사라집니다.

다른 관점에서 보면 어머니가 자녀들의 상속세 분담분을 현금으로 증여한 것과 마찬가지 효과를 보게 됩니다. 그렇다고 다시 증여세가 부과되지도 않습니다. 어머니의 연대납세의무 범위 내이기 때문입니다. 이처럼 망인의 배우자가 상속세를 단독으로 납부하면, 자녀의 상속세 부담을 없애면서 증여의 효과까지 누릴 수 있습니다.

다만 배우자가 상속세를 전부 납부하기로 결정하기에 앞서, 좀 더 고민해야 할 부분은 다음 두 가지입니다.

첫째, 새로운 증여의 문제가 발생하지 않도록 주의해야 합니다. 만약 자신이 받은 상속재산보다 더 많은 금액을 상속세로 납부한다면 그 부분은 증여가 되어 별도로 부과됩니다. 이 사건에서 아버지가 자녀들에게 재산 대부분을 상속하고, 배우자인 어머니에게는 10억 원만 상속했다고 가정해봅시다. 배우자가 상속받은 재산이 10억 원인데, 상속세 14억 전부를 납부한다면 10억 원을 초과한 나머지 4억 부분에 대해서는 아내가 자녀들에게 증여한 것이 됩니다. 따라서 4억 원에 대한 증여세가 부과됩니다.

둘째, 상속세 납부 이후에도 배우자에게 경제적 기반이 남아있어야 합니다. 이 사례에서 어머니는 상속받은 재산이 30억 원인데, 상속세 14억 원을 현금으로 납부하면 남아있는 재산이 절반 정도로 줄어들게 됩니다. 만약 남아있는 재산이 거주 중인 주택 등으로 현금화가 어렵고, 자녀들이 어머니를 나 몰라라 하는 경우라면 경제적 어려움에 빠질 수 있습니다. 어머니는 이미 자신이 보유한 재산이 많아서 큰 문제가 되지 않았지만, 그렇지 않은 경우라면 고민해볼 필요가 있습니다. 자녀들의 요구에 따라 어머니가 자녀들의 상속세 분담분까지 대신 내주었다가, 말년에 경제적 곤궁에 시달릴 수도 있으니 주의가 필요합니다.

07

때론 상속 후 증여가
유리할 수도 있다

때론 상속 후 증여가 유리할 수도 있다.

 |

이 문장은 O입니다. 절세를 위해 부모님 재산을 생전에 증여받는 게 나을지, 사후에 상속받는 게 나을지 잘 따져야 합니다. 결론부터 말하자면 자녀세대를 건너뛰어 손자에게 상속하고 싶을 때는 유증 보다 상속 후 증여가 유리합니다.

1. 배우자와 아들이 10억 원의 재산을 상속
2. 생전에 유증 (유언을 통한 증여)을 해 놓은 대로 외손자가 1억 원을 상속

일반적으로 국내에 주소를 둔 거주자가 사망할 경우 배우자와 자녀가 있으면 최소 10억 원, 자녀만 있어도 최소 5억 원의 상속공제가 가능하다는 것을 배웠습니다. 그렇다면 1번, 2번의 유족들은 모두 상속세를 내지 않아도 되는 것일까요?

먼저 1번 배우자와 아들은 10억 원의 상속재산에 대해 상속세를 납부하지 않아도 됩니다. 상속인 중에 배우자가 있어서 최소 5억 원의 배우자공제를 받을 수 있고, 아들이 있으니까 5억 원의 일괄공제도 받을 수 있기 때문입니다. 다시 말하면, 상속세 과세가액에서 상속공제(배우자공제 + 일괄공제)를 빼면 다음과 같이 상속세 과세표준이 0원이 되어 내야 할 상속세도 발생하지 않는 것입니다.

- **상속세 과세표준 = 상속세 과세가액 - 배우자공제 - 일괄공제**

  = 10억 원 - 5억 원 - 5억 원 = 0원

하지만 2번은 외손자가 1,300만 원의 상속세를 내야 합니다. 왜 그럴까요? 그것은 바로 상속공제를 적용할 때 한도가 있고, 세대를 생략해 상속하면 할증과세가 되기 때문이다.

먼저 선순위 상속인인 딸이 있는데도 불구하고 외손자가 1억 원(상속재산 전부)을 유증 받았기 때문에 상속공제를 받을 수 없게 됩니

다. 그래서 상속세 과세가액 1억 원이 그대로 과세표준이 되고, 거기다가 딸을 건너뛰어 외손자에게 상속하면 딸에게 상속할 때보다 산출세액에 30%가 할증되어 부과됩니다. 그러므로 외손자는 1억 원만을 상속받았음에도 1,300만 원의 상속세를 내야 하는 상황이 발생한 것입니다. 다만, 신고세액공제(3%)까지 고려한다면 상속세는 1,261만 원이 됩니다.

세알못
그럼 2번의 사례처럼 자녀세대를 건너뛰어 손자에게 상속하고 싶을 때, 좋은 절세법이 있을까요?

택스코디
'유증'이라는 방법보다 '상속 후 증여'라는 방법이 세금 측면에서 유리합니다. 자녀인 딸에게 1억 원을 상속할 때는 일괄공제 5억 원이 적용되어 다음과 같이 상속세 과세표준이 0원이 되어 상속세는 발생하지 않습니다.

- **상속세 과세표준 = 상속세 과세가액 - 일괄공제**
  = 1억 원 - 5억 원 = 0원

다시 딸이 손자에게 상속받은 1억 원 모두 증여하게 되면 5,000만 원(성인 자녀)의 증여재산공제를 받을 수 있으므로 다음과 같이 500만 원의 증여세만 내면 됩니다.

증여세 = 증여세 과세표준 × 세율 = (1억 원 - 5,000만 원) × 10%
= 500만 원 (계산 편의상 신고세액공제는 생략)

따라서 이런 사례에서는 '유증' 보다 '상속 후 증여'를 하면 세금을 아낄 수 있습니다. 물론 딸이 1억 원을 상속받은 후에 외할아버지의 유지(遺志)임을 아들에게 잘 얘기해 주고 증여까지 해 줄 것이라는 믿음이 있어야 실행할 수 있는 방법이긴 합니다.

참고로 대습상속의 경우에는 불이익이 없습니다. 대습상속이란 상속개시 (피상속인의 사망) 전에 상속인이 될 직계비속이 사망하거나 상속결격으로 인해 상속권을 상실한 경우에 그 사람의 직계비속이 대신해 상속하는 것입니다. 예를 들어 2번의 사례에서 할아버지가 사망하기 전에 할아버지의 딸이 먼저 사망해서 외손자가 상속을 받는 상황을 말합니다. 이런 대습상속의 경우에는 상속공제의 한도도 축소되지 않고, 세대생략 상속에 따른 할증과세라는 불이익도 없게 됩니다. 그러므로 상속 후 증여를 하지 않고 유증을 해도 세금은 발생하지 않습니다.

08

고인이 사망 전 찾은 금액은 전부 추정상속재산으로 간주한다?

고인이 사망 전 찾은 금액은 전부 추정상속재산으로 간주한다.

이 문장은 X입니다. 결론부터 말하자면 재산 처분액이나 채무 부담액이 상속개시일 전 1년 내 2억 미만 또는 2년 내 5억 미만이면 상속재산으로 추정하지 않습니다.

세알못

저의 재산은 예금 10억 원과 시가 10억 원짜리 아파트가 있는데, 이대로 사망하면 상속세가 발생할 것 같습니다. 지금이라도 아파트를 팔고 예금을 인출해 다른 사람 명의로 돌려놓으면 상속세를 피할 수 있을까요?

택스코디

나이가 많거나 갑작스럽게 건강이 나빠질 때, 현금을 빼두는 경우가 많습니다. '현금은 과세당국에 노출되기 쉽지 않아 차후 상속세 대상에서 빠질 수 있지 않을까'라는 기대감 때문입니다. 하지만 상속·증여세법은 추정상속재산 법령을 통해 이를 원천 차단하고 있습니다.

여기서 '추정상속재산'이란 상속개시일 전 재산을 처분하거나 예금을 인출 또는 채무를 부담한 경우 사용처가 객관적으로 명백하지 않은 금액을 말합니다. 이를 상속인이 상속받았다고 추정해 상속세 과세가액에 가산하게 되는데, 재산 처분액이나 채무 부담액이 상속개시일 전 1년 내 2억 이상 또는 2년 내 5억 이상이라면 상속재산으로 추정합니다.

만약 1년 또는 2년 내 계좌 실제 인출액 (총인출액 합계에서 다시 본인 계좌로 입금돼 유출되지 않은 금액을 차감한 금액)이 위 기준을 넘게 되면 사용처를 입증해야 합니다. 이때 입증책임은 상속인에게 있고, 거래상대방이 피상속인과 특수관계이거나 거래 증빙이 없어 객관적인 지출이 아니라면 용도가 명백하지 않은 것으로 봅니다. (참고로 인출액 중 상속인에게 증여되었다는 금융자료가 확인된 부분은 용도가 명백하다고 봐주지만, 이는 결국 증여세로 부과되고 10년 내 사전증여로서 상속세에 합산과세합니다.)

이렇게 집계된 불분명한 금액에서 상속인의 입증 부담을 완화해 주기 위해 다음과 같이 실제 인출액의 20%와 2억 원 중 적은 금액을 차감하고도 남은 금액은 추정상속재산으로서 법정상속 비율로 상속된 것으로 봅니다.

- **추정상속재산 = 미입증금액 - (불분명가액 × 20% 또는 2억 원)**

예를 들어 상속개시일 1년 이내 부동산 처분금액이 5억 원이고 그 용도가 확인된 금액이 2억 원이라면 미입증금액 3억 전체가 아니라 2억 원만 추정상속재산이 됩니다.

만약 1년 내 2억 및 2년 내 5억 기준에 모두 해당한다면 1년 내 인출액과 2년 내 인출액을 대상으로 각각 계산한 추정상속재산 중 큰 금액으로 과세한다는 국세청 해석 사례가 있습니다.

만약 아버님 사망 전 1년 2개월 전에 예금 1억 원, 사망 전 6개월 전에 예금 3억 원, 총 4억 원을 인출해서 금고에 몰래 숨겨두었다고 가정하면, 상속재산에 가산되는 금액은 얼마인가요?

상속으로 추정이 되기 위해서는 객관적으로 증명되지 않은 재산인출이 1년 이내 2억 원, 2년 이내 5억 원 이상이어야 합니다. 따라서 상속추정 여부는 다음과 같습니다.

· 사망 1년 전에 총 예금인출액 3억 원은 기준액 2억 원 이상이므

로 상속추정

- 사망 2년 전에 총 예금인출액 4억 원은 기준액 5억 원 미달이므
로 상속으로 추정하지 않음

정리하면 사망 전에 사라진 4억 원 중 1년 이내 인출액 3억 원에
대해서만 상속추정이 되기 때문에 자녀 등 상속인이 그 3억 원을 부
모님 사망 전에 어디에 사용했는지 그 내역을 밝히면 됩니다. 만약
상속인이 이를 소명하지 못하면 사전 인출된 3억 원이 미리 상속된
것으로 봐서 상속재산에 가산합니다.

그리고 부모님 사망 2년 이내에 사라진 재산에 대한 사용 증빙
을 챙기기가 쉽지 않기 때문에 상속·증여세법은 다음과 같은 순서로
80%만 소명을 요구하고 상속재산에 가산할 금액을 계산합니다.

1단계	용도불명금액	재산처분·인출금액 - 용도 입증된 금액
2단계	허용금액	재산처분·인출금액 × 20% (2억 원 한도)
3단계	상속추정금액	용도불명금액 - 허용금액

이를 세알못 씨 사례에 적용하면 다음과 같습니다.

- 상속추정금액 = 용도불명금액 - 허용금액 (재산처분·인출금액 × 20%,
2억 원 한도) = 3억 원 - 6천만 원 (3억 원 × 20%) = 2억 4천만 원

이때 금액 기준 해당 여부는 거래 건별이 아닌 다음과 같이 네 가
지 종류별 합산금액으로 각각 판단합니다.

1. 현금·예금·유가증권 인출
2. 부동산·부동산권리 처분
3. 기타재산 처분
4. 채무 부담

예를 들어 아버지가 상속개시 1년 이내에 1억 5,000만 원짜리 부동산을 처분하고 예금에서 1억 원을 찾은 후 그 출처가 명확하지 않은 상태에서 상속이 개시됐다면 부동산 처분대금과 예금 인출액의 합계가 1년간 2억 원을 초과하지만, 재산의 종류별로는 용도 불분명 금액이 2억 원을 넘지 않으므로 상속추정 규정을 적용하지 않습니다. 예금과 부동산은 재산의 종류가 다르므로 합산해 판단하지 않기 때문입니다.

특히 1번에서 유념해야 할 것은 1년에 2억 원이 통장에서 인출된 내역 뿐만 아니라 유가증권 및 공과금, 카드사용에 따른 인출액 등을 포함한 금액이라는 것입니다. 따라서 매월 200만 원씩 카드를 사용하는 부모의 통장에서 매월 1,500만 원씩 인출되었을 때 연간 인출액은 2억 원이 안 되지만, 카드사용액과 합치면 2억 원이 넘기 때문에 이는 추정상속재산에 포함됩니다.

추정상속재산은 상속 세무조사 시 필수 검토 사항이며 금융재산 상속공제 혜택에서도 배제되는 등 페널티가 있으므로 현금 인출은 반드시 주의가 필요합니다.

상속은 우리가 예측할 수 없습니다. 이처럼 예상치 못한 세금을 신고 및 납부해야 되는 상황이 발생할 위험성이 있다는 것을 고려해 평상시 예금을 인출했거나 부동산을 처분한 대금이 있다면 증빙을 남겨놓는 습관을 갖는 것이 자녀를 위하는 길입니다.

09

상속

상속

동거주택 상속공제, 이것 주의하자

동거주택 상속공제를 적용받으려면, 상속받는 자식이 미성년자였던 기간을 포함해 10년을 채워야 한다.

이 문장은 X입니다. 결론부터 말하자면 동거주택 상속공제를 받기 위해서는 10년 이상 부모와 자녀가 계속함께 살아야 합니다. 이때, 상속인이 미성년자인 기간은 동거 기간에서 제외합니다.

세알못

요즘 서울 웬만한 아파트는 다 10억을 넘어갑니다. 그럼 15억 짜리 아파트를 상속받게 되면, 무조건 상속세를 내야 하나요?

택스코디

15억 원 아파트라면 배우자와 자녀가 상속인일 때는 최소 10억 원까지는 상속공제를 받을 수 있고, 나머지 5억 원에 대해서는 상속세가 발생할 수 있습니다. 그런데 여기서 동거주택 상속공제를 적용받게 된다면 상속세를 10원도 내지 않을 수 있습니다.

'동거주택 상속공제'란 장기간 부모를 봉양한 자녀가 부모와 함께 살던 주택을 상속받을 때, 상속세 부담을 크게 덜어주는 제도입니다. 6억 원 한도 내에서 상속주택가액의 100%를 모두 모두 공제받을 수 있는 큰 혜택입니다. 효자에게 주는 혜택이라고 볼 수 있습니다.

따라서 일괄공제 5억 원, 배우자공제 5억 원을 포함해 16억 원 상당의 주택을 물려받아도 상속세를 한 푼도 내지 않아도 되는 것입니다.

세알못

동거주택 상속공제를 적용받기 위해 구체적인 요건은 어떻게 되나요?

택스코디

동거주택 상속공제는 절세 효과가 매우 크지만, 요건이 매우 까다로워 정확한 내용을 알아 둬야 낭패를 보지 않습니다. 동거주택 상속공제는 다음 세 가지 요건 (상속증여세법 23조 2항)을 모두 충족해야 적용됩니다.

10년 이상 부모와 자녀가 계속 함께 살아야 한다.	피상속인이 사망하기 전까지 10년은 같은 집에서 모시고 살아야 공제를 받을 수 있다. 이때, 상속인이 미성년자인 기간은 동거 기간에서 제외된다.
10년 이상 1세대 1주택이어야 한다.	10년 이상 1세대 1주택이어야 한다는 것인데, 예외적으로 이사나 혼인, 동거봉양을 위해 일시적으로 1세대 2주택이 된 기간은 1세대 1주택인 기간으로 본다.
부모와 동거한 무주택 자녀가 해당 주택을 상속받아야 한다.	피상속인과 공동으로 1세대 1주택을 소유한 경우는 무주택으로 인정한다.

여기서 주의해야 할 사항은 10년 동거는 중단 없이 계속 같이 거주해야 공제요건이 충족된다는 점입니다. 예를 들어 6년 동안 같이 살다 분가한 뒤 다시 6년 동안 동거한 상태에서 주택을 상속받게 되면 요건을 충족하지 않은 것입니다.

다만 입영이나 취학이나 요양 등의 특별한 사유는 예외적으로 인정받을 수 있습니다. 가령 상속 전 부모가 요양병원에 입원했거나 자식이 군대에 가거나 직장 문제로 동거하지 못했을 때는 '계속 동거'한 것으로 본다는 것입니다. 이때 부득이 함께 살지 않은 기간은 '10년 동거' 계산에서 제외합니다.

단순히 주소만 옮겼다고 해서 동거주택 상속공제를 받는 것은 아닙니다. 실질적으로 생계를 같이 하는 1세대 요건을 갖춰야 합니다. 상속세를 회피하기 위해 주소만 부모 집으로 옮겨 놓고 상속세를 신고하지 않았다간 가산세 (단순 무신고 20% + 무납부 하루당 0.022%)까지 부과될 수 있다는 것을 유념해야 합니다.

그리고 배우자는 아예 적용대상에서 제외되는 것도 주의해야 합니다. 따라서 피상속인이 아파트와 현금, 상가를 남겼다면, 배우자가 현금과 상가를 상속받고, 아파트는 동거주택 상속공제 요건을 충족하는 직계비속(자녀)이 상속받는 게 유리할 수 있습니다.

2020년 상속분부터 획기적으로 달라진 게 있습니다. 피상속인과 상속인이 공동 소유한 주택도 동거주택 상속공제를 받도록 관련 세법이 개정됐습니다. 부모 가운데 어느 한 분이 먼저 돌아가실 때 주택을 자녀와 공동상속을 받는 경우가 많습니다. 세법개정 전까지는 동거주택 상속공제를 인정하지 않아 논란이 컸습니다. 다만 피상속인 소유지분에 대해서만 동거주택 상속공제가 적용됩니다. 예를 들어 어머니와 딸이 각각 50%씩 지분을 보유한 6억 원 주택을 딸이 상속받았을 때 동거주택 상속공제액은 최대치 6억 원이 아니라 어머니 지분인 3억 원만 공제되는 것입니다. 딸의 지분 3억 원은 상속을 받은 것이 아니기 때문입니다.

또 피상속인(사망자)가 이사를 위해 일시적 2주택이 된 상태에서 사망하거나, 자녀가 유주택자와 결혼으로 인해 주택을 소유한 때도 1세대 1주택으로 간주하고 동거주택 상속공제를 적용받을 수 있습니다.

참고로 2022년부터는 동거주택 상속공제 혜택이 더욱 확대됐습니다. 동거주택 상속공제는 피상속인의 직계비속만 받을 수 있도록 규정했으나, 직계비속의 배우자도 요건만 갖춘다면 공제를 받을 수 있습니다. 다시 말해 동거봉양주택을 사위나 며느리가 소유하게 되는 때에도 동거주택 상속공제를 적용받을 수 있다는 말입니다.

10

상속주택 특례를 적용받기 위해서는 주택의 취득 순서가 중요하다

상속주택보다 나중에 취득한 주택도 양도세 비과세 특례를 적용받을 수 있다.

이 문장은 X입니다. 결론부터 말하자면 상속주택 특례를 적용받기 위해서는 주택의 취득 순서를 따져보아야 합니다. 상속개시일 전에 보유한 주택을 양도할 때는 상속주택 특례 적용이 가능하지만, 상속주택보다 나중에 취득한 주택을 팔 때는 양도소득세 비과세 특례를 적용받지 못합니다.

1가구가 국내에서 1주택을 2년 이상 보유하고 있다가 처분하면 실수요 목적이 있다고 인정해 양도가액 12억 원까지는 양도소득세를 내지 않습니다. 2017년 8월 3일 이후 조정대상지역에서 취득한 주택을 양도할 때는 2년 이상 거주해야만 비과세 혜택을 받을 수 있다는 조건이 추가됐습니다.

무주택자가 주택을 상속받아 처분하는 경우 1세대 1주택 비과세 제도를 이용할 수 있습니다. 이때 보유요건, 거주요건을 판단해야 하는데 피상속인과 상속인이 동일세대를 이루었는지에 따라 기간을 계산하는 방법이 달라집니다.

만약 동일세대이면 피상속인과 상속인의 보유기간, 거주기간을 통산하므로 비과세 요건을 비교적 수월하게 충족시킬 수 있습니다. 하지만 동일세대가 아닐 때는 비과세 판단을 위한 취득일이 상속개시일이 되므로 상속개시일부터 양도일까지의 기간으로 보유기간, 거주기간을 충족해야 합니다.

세알못 그럼 기존 1주택자가 상속주택을 취득하는 경우에는 기존에 소유하고 있는 주택을 양도할 때, 비과세 혜택을 누릴 수 있나요?

택스코디 상속개시 당시 이미 일반주택을 보유하고 있는 1가구가 주택을 상속받은 후 일반주택을 비과세 요건을 갖추어 양도하면 1가구 1주택 비과세 특례가 적용됩니다.

하지만 반대로 주택을 상속받은 이후 다른 주택을 취득하는 경우

엔 비과세 특례를 누리지 못합니다. 상속주택은 주택 수 산정에서 제외되는 것으로 착각하면 양도소득세 폭탄을 맞을 수 있는 것입니다. 따라서 주택을 상속받은 후 다른 주택을 취득할 계획이 있다면 상속재산 분할 협의를 통해 주택을 상속받지 않거나 소수지분만 상속받는 게 유리합니다. 상속주택을 공동으로 물려받는 경우 공동상속주택은 상속지분이 가장 큰 상속인의 주택 수에 포함됩니다. 따라서 지분이 작은 상속인은 일반 주택 양도 시 1가구 1주택 비과세 혜택을 받을 수 있습니다.

참고로 양도소득세를 줄이기 위한 대표적인 방법은 장기보유특별공제를 활용하는 것입니다. 1가구 1주택자가 2년 이상 거주한 주택을 양도하는 경우 보유기간과 거주기간에 따라 최대 80%(10년 이상 보유 및 거주) 공제율을 적용받을 수 있습니다.

그런데 상속받은 주택의 보유 및 거주기간을 계산할 때는 주의해야 할 점이 있습니다. 주택을 취득한 동일 가구원이 사망하기 전까지 보유·거주한 기간은 제외하고, 주택을 물려받은 이후 보유·거주한 기간만 장기보유특별공제를 적용받을 수 있다는 사실입니다. 다음 사례를 살펴봅시다.

A 씨는 동일가구인 아버지의 사망으로 15억 원짜리 주택을 상속받았습니다. 이 주택은 아버지가 2014년 10월 취득해 6년 6개월간 A 씨와 함께 살던 곳입니다. 2021년 4월 A 씨는 아버지의 사망으로 주택을 상속받은 뒤 3년 6개월간 거주하다 2024년 10월 20억 원에 팔았습니다. 이때 A 씨는 부친이 주택을 취득한 시점부터 자신이 양도

상
속

한 시점까지의 기간(10년)에 대해 장기보유특별공제를 받을 수 있다고 생각했으나 실제로는 'A 씨가 주택을 상속받아 보유·거주한 기간 (3년 6개월)만 해당한다'라고 국세청으로부터 통보를 받았습니다.

그 결과 80% (10년 이상 보유 40% + 10년 이상 거주 40%)를 적용받을 것으로 예상했던 장기보유특별공제율은 24% (3년 이상 보유 12% + 3년 이상 거주 12%)로 쪼그라들었습니다. 양도소득세도 예상 납부세액(400만 원)보다 아홉 배 많은 3,600만 원을 내야 했습니다.

알면 돈이 보이는
세금 상식

유사매매사례가액이 없는 아파트라면 주택 공시가격으로 증여세 신고를 하면 된다?

부모에게 주택을 증여받았다면 증여세를 신고납부해야 합니다. 이때 물려받은 재산의 가치를 평가하는 일이 무엇보다 중요합니다. 얼마를 증여받았는지를 알아야 증여세를 계산할 수 있기 때문입니다. 그런데 문제는 주택 등 부동산의 경우 예금이나 상장주식처럼 가치가 명확하지는 않다는 점입니다. 따라서 주택의 증여세를 내기 위해서는 몇 가지 순서에 따라 가치를 평가하는 절차를 거칩니다.

제일 먼저 시가를 찾아봐야 합니다. 증여일 전 6개월과 후 3개월 사이에 해당 주택에 대해 시가로 볼만한 거래가 있다면, 그 가격을 증여가액으로 평가하게 됩니다. 여기서 시가로 볼만한 거래는 매매, 감정, 수용, 경매, 공매가 해당합니다. 가령 아버지가 3월에 산 아파트를 9월이 되기 전에 자식에게 증여했다면 아버지가 취득할 때의 매매가가 자식이 받은 증여가액이 되는 것입니다.

마찬가지로 같은 기간에 해당 주택에 대해 감정평가가 이뤄졌거나 도로공사로 주택이 수용되거나 경매, 공매가 이뤄진 경우에도 증여가액으로 인정될 수 있습니다.

세알못 그럼 시가로 볼만한 거래가 둘 이상이면 어떻게 되나요?

택스코디 증여일에 가장 가까울 때, 발생한 시가를 증여가액으로 보면 됩니다. 위 사례에서 자식이 증여받은 후 3개월 이내에 감정평가를 받는다면 아버지의 취득가격이 아닌 아들의 감정평가액이 증여가액이 될 수 있다는 뜻입니다.

세알못 그런데 해당 주택에 대해 이러한 시가로 볼만한 거래가 없을 때는요?

택스코디 이때는 주변에서 비슷한 주택의 거래사례를 찾아서 세금을 계산해야 합니다. 세법에서는 '유사매매사례'라고 부릅니다. 아파트의 경우, 같은 단지의 같은 동에서 최근에 팔린 집이 있으면 그 금액을 유사매매사례가액, 즉 증여가액으로 보고 세금을 신고납부해야 한다는 말입니다.

유사매매사례는 증여일 전 2년 이내의 기간, 증여세 신고기한 후 6개월까지 사이에만 있으면 증여재산평가액으로 인정받을 수 있습니다. 공정성을 위해 납세자나 세무서장이 재산평가심의위원회에

심의를 신청하고 위원회가 시가로 인정하는 절차를 거칩니다.

이때에도 증여주택과 면적, 위치, 용도 및 기준시가가 같아야 유사매매사례로 인정받기 쉬운데, 문제는 납세자가 유사매매사례를 찾는 게 결코 쉬운 일은 아닙니다. 주변 아파트나 주택 중에서 면적이나 위치가 비슷한 아파트가 언제 어떻게 팔렸는지 찾기가 어렵기 때문입니다. 아파트가 아닌 주택이라면 더욱 사례를 찾는 일이 힘들어집니다.

다행히 국세청에서는 '상속증여재산 스스로 평가하기' 서비스를 제공하고 있습니다. 이 서비스를 이용하면 유사매매사례를 납세자가 직접 수월하게 찾을 수가 있고, 증여재산을 평가해서 세금을 미리 계산해볼 수도 있습니다.

'상속증여재산 스스로 평가하기'는 국세청 홈택스에 로그인 후에 이용할 수 있습니다. 주택의 종류와 평가 기준일, 주택의 소재지 등을 입력하면 증여받은 주택 주변에서 유사매매사례가 될 수 있는 주택거래가액 목록을 모두 띄워줍니다

만약 여러 가지 매매사례가 조회될 경우 납세자는 세금을 줄이기 위해 최대한 낮은 금액의 매매사례를 선택하기 마련인데, 이렇게 신고납부한 세금은 세무서에서 처리할 때 다른 평가액으로 결정될 수도 있다는 점을 알고 있어야 합니다.

세알못 만약 시골 주택처럼 유사매매사례조차 찾기 어려운 경우에는요?

택스코디

이때는 국토교통부에서 공시한 기준시가로 세금을 신고하면 됩니다. 하지만, 이 선택 역시 나중에 국세청이나 세무서에서 유사 매매사례를 찾아낸다면 기준시가를 통한 납세자의 신고 납부액이 인정되지 않고, 새롭게 과세가 될 수 있습니다.

증여

증여할 때,
50만 원만 더 증여하자

만 19세 미만의 미성년자에게는 2,000만 원의 증여공제금액이 적용되며, 만 19세 이상의 성년 자녀에게는 5,000만 원의 증여공제금액이 적용됩니다. 그래서 대부분 부모님은 보통 미성년자 증여공제금액인 2,000만 원 또는 성년 증여공제금액인 5,000만 원에 딱 맞춰서 증여합니다.

증여공제금액만큼만 증여했으므로 증여공제 한 이후의 증여세 과세표준액은 0원이 되며 증여세 역시 0원입니다. 당연히 증여세를 낼 일이 없으므로 증여세 고지서도, 증여세 납부영수증도 존재하지 않습니다.

이때 수증자인 자녀의 관할 세무서에 증여받았지만 낼 증여세는 없다는 증여세 신고서를 접수하게 되면 세무서로부터 '접수증'이라는 한 장의 서류를 받게 됩니다. 이 '접수증'에는 접수번호, 접수일시, 민원명, 민원인, 처리예정기한, 처리주무부서, 민원접수자, 세무서명 등이 표기돼 있습니다.

그런데 결정적으로 '증여가액'이 적혀있지 않습니다. 1,000만 원을 증여받았는지, 2,000만 원을 증여받았는지 '접수증'만으로는 알 수 없단 소리입니다.

세알못   그렇다면 증여세를 신고하고, 증여세 고지서도 있고, 증여세 납부 영수증도 받으려면 어떻게 해야 하나요?

택스코디   증여공제금액인 딱 5,000만 원(미성년자 2,000만 원)만 증여하지 말고, 50만 원만 더 증여하면 됩니다.

상속세 및 증여세법 제55조에는 '과세표준이 50만 원 미만이면 증여세를 부과하지 아니한다'라는 조항이 있습니다. 이 상속세 및 증여세법에 따라 증여공제금액(5,000만 원·2,000만 원)을 차감한 증여세 과세표준액이 50만 원 미만이면 증여세를 부과하지 않습니다.

예를 들어 자녀에게 5,049만9,999원(미성년 자녀 2,049만9,999원)을 증여했다면 증여세를 내지 않아도 됩니다. 다만 이 경우 증여세 신고 접수증만 받을 수 있을 뿐, 여전히 증여세 고지서나 납부 영수증을 확보할 수는 없습니다.

하지만 증여공제금액에 50만 원을 추가로 증여해 성년 자녀에게 5,050만 원(미성년 자녀 2,050만 원)을 증여하면 얘기가 달라집니다. 증여공제금액을 차감한 증여세 과세표준액이 50만 원으로 산정돼

증여

증여세가 부과되기 때문입니다. 이때 증여세는 다음과 같습니다.

- 증여세 과세표준 = 증여가액 − 증여공제
  = 5,050만 원 − 5,000만 원 = 50만 원
- 증여세 = 과세표준 × 세율 = 50만 원 × 10% = 5만 원

여기에 증여일이 속한 달의 말일로부터 3개월 이내에 증여세를 자진신고할 경우 증여세 산출세액의 3%를 신고세액공제로 차감해 줍니다.

다시 말해 5만 원의 3%인 1,500원의 세액공제 혜택을 받게 돼 결론적으로 4만 8,500원의 증여세만 내면 되는 겁니다. 다만 이 경우에는 증여세 고지서와 증여세 납부 영수증을 받게 된단 점에서 차이가 있습니다.

증여

남편이 준 생활비를 아껴 집을 사면 증여세가 부과될까?

세알못

대학 졸업 후 취업 전까지 수년간 부모님에게 학원비와 생활비를 받았습니다. 합계 약 1,500만 원 정도인데, 취업하고 나서는 부모님께 받은 돈은 없고, 조만간 결혼하면서 5천만 원을 증여받을 예정입니다. 모두 더하면 10년 내 증여공제금액인 5천만 원을 초과하는데, 증여세 신고를 해야 하나요? 학자금과 생활비는 비과세 대상 아닌가요?

택스코디

원칙적으로 현금을 증여받는 경우, 증여받을 때마다 증여일이 속한 달의 말일부터 3개월 이내에 증여자(준 사람)를 구분해 증여세를 신고해야 합니다. 다만 부모가 자녀에게 주는 현금은 사회 통념상 피부양자의 생활비나 교육비 등에 해당한다면 증여세를 부과하지 않습니다.

그런데 문제는 과연 어느 수준까지가 생활비라고 인정될 수 있냐는 것입니다. 가정마다 경제 수준과 소비 수준이 다르니 특정 금액을 기준으로 하여 생활비인지 증여인지 여부를 판단하기는 어렵습니다. 그렇다고 해서 생활비 명목으로 돈을 준 것으로만 보아 증여세를 부과하지 않는다면 생활비로 위장한 고액의 증여에 대해서도 과세할 수 없게 됩니다. 이런 현실적인 과세 문제 때문에 과세당국은 생활비에 대해 증여세가 부과되지 않으려면 사용 목적에 맞게 지출되어야 한다고 말합니다.

 그럼 세법에서 말하는 생활비의 정의는 무엇인가요?

 다음 세 가지 조건이 맞아야 합니다.

• 생활비는 생활비로 사용돼야 한다.	생활비라고 받아서 집 사고 차 사고 주식 사는 데 쓰면 이는 공제대상이 아니다.
• 부양의무가 있는 관계에게만 줄 수 있다.	생활비는 부양의무가 있는 사람 간에 오가는 것이다. 경제적 자력이 있는 부모가 있는데도 할아버지 할머니가 손주에게 생활비를 준다면 비과세 대상이 아니다.
• 나눠서 줘야 한다.	대학 학자금으로 쓰라고 한 번에 1억 원을 자녀 통장에 넣어줬다면 이는 사회 통념상 생활비로 보기 어렵다. 한 번에 고액이 아닌, 나눠서 소액씩 줘야 한다.

따라서 생활비 명목으로 받은 돈이 전부 생활비 목적으로 쓰이지 않고, 남은 돈을 저축하고 투자를 하면 증여로 보고 증여세가 부과될 수 있습니다. 일반적으로 생각하기엔 참 황당하고 어이없다는 생각이 들 수는 있겠지만, 기억하고 있어야 할 내용입니다.

일반적인 가정이라면 생활비를 아껴 배우자 명의로 투자한 것에 대해 증여세가 부과되기는 힘들 것입니다. 이유는 배우자 간 증여에 대해 10년간 6억까지는 공제되어 세금을 내지 않기 때문입니다.

세알못 그럼 부모가 자녀들의 세뱃돈을 모아 관리하다가 나중에 자녀가 성인이 된 뒤 한 번에 물려줄 때는 어떻게 되나요?

택스코디 가족 간에는 10년 단위로 증여세를 일정 금액 면제해줍니다. 부부 간 증여는 6억 원, 성인 자녀는 5,000만 원(만 19세 미만 미성년자는 2,000만 원)까지 증여세 납부대상에서 제외됩니다.

만약 자녀에게 만 19세가 되기 전까지 매년 500만 원씩, 10년간 총 5,000만 원의 세뱃돈을 한 번에 줬다면 2,000만 원을 초과하는 3,000만 원에 대해 증여세를 내야 합니다. 참고로 형제나 친족은 1,000만 원까지 증여세가 없습니다.

참고로 증여세 신고를 하지 않다가 나중에 세금이 추징되면 가산세가 붙습니다. 일반 무신고로 분류되면 신고 대상 금액의 20%를 가산세로 내야 하고, 고의성이 발견돼 부정 무신고로 판단되면 가산세가 40%로 늘어납니다.

세알못 아들이 결혼을 앞두고 있습니다. 결혼식 때 들어오는 축의금은 아들에게 나눠주려 합니다. 그런데 자녀에게 축의금을 준 것에도 증여세가 부과되나요?

택스코디 결혼 축의금은 우리 사회의 전통적인 미풍양속으로 확립돼 온 사회적 관행입니다. 혼사가 있을 때 일시에 큰 비용이 소요되는 혼주인 부모의 경제적 부담을 덜어주려는 목적에서 대부분 그들과 친분 있는 손님들이 혼주인 부모에게 성의의 표시로 조건 없이 무상으로 건네는 금품을 말합니다. 따라서 현행 상속세 및 증여세법에서도 사회 통념상 인정되는 범위 내에서 결혼 축의금 등에 대해서는 증여세를 부과하지 않도록 규정하고 있습니다. 이와 같은 결혼 축의금은 하객들이 결혼 당사자에게 직접 주는 경우(신랑·신부의 친구, 직장동료 등의 축의금)와 혼주인 부모의 부담을 덜어주기 위해 부모에게 들어오는 경우로 나뉘는 것이 일반적입니다. 즉 각자에게 들어온 축의금에는 사회 통념상 적정한 금액까지는 증여세가 부과되지 않습니다.

이때 문제가 되는 것은 부모에게 들어온 축의금을 자녀에게 건네줬을 경우입니다. 원칙적으로 결혼 당사자들의 결혼 축의금 중 자신의 친인척과 지인으로부터 받은 축의금은 자신과의 친분관계에 기초해 직접 건네진 것이므로 이는 증여세 과세대상에서 제외됩니다. 그러나 그 나머지는 혼주인 부모에게 들어온 것이어서 부모의 자산에 해당하므로 이를 자녀에게 준 때에는 증여로 해석돼 증여세 과세대상이 될 수 있다는 점에 유의해야 합니다.

물론 축의금과 관련해 증여세가 부과되는 것은 드문 경우입니다. 증여세를 줄이기 위해 변칙적인 수단으로 자녀에게 축의금을 과도하게 줄 때는 증여세가 부과될 수 있다는 점은 분명히 알고 있어야 합니다.

위자료보다 재산분할로 하는 게 유리하다?

세알못 부부간 성격 차이에 따른 불화를 극복하지 못해 이혼하려 합니다. 이혼 과정에서 재산을 정리하는 문제가 어려운데, 세금과 관련해 주의해야 할 사항은 무엇인가요?

택스코디 2023년 기준 연간 9만 쌍이 넘는 부부가 결혼생활을 끝내는 등 이혼사례가 곳곳에서 나타나며 이혼 시 주택, 상가건물 등 부동산 자산 관련 세금을 고민하는 사람들이 늘고 있습니다. 양도소득세 과세 대상인 부동산 자산을 위자료로 지급하는지 재산분할로 하는지에 따라 부과되는 세금 격차가 커지는 만큼 상황에 따른 합리적 판단이 필요합니다.

먼저 위자료는 부부 일방의 잘못으로 이혼하게 된 사람의 정신적

고통을 위로하는 것을 목적으로 하는 일종의 손해배상입니다. 유상의 대가를 지급하는 성질상 증여로 볼 수 없으므로 위자료를 받는 사람은 별도로 증여세를 부담하지 않습니다.

다만 위자료로 부동산 소유권을 이전하게 되면 부동산을 양도한 대가로 위자료와 양육비 지급의무 소멸이라는 경제적 이익을 얻은 것으로 보기 때문에 부동산 지급을 '대물변제'로 보게 됩니다. 대물변제는 소득세법상 '양도'에 해당하기 때문에 양도소득세 대상이 됩니다. 쉽게 말해 부동산을 팔아서 현금으로 자신의 채무를 갚는 것과 비슷하기 때문입니다.

그리고 위자료로 부동산을 받은 사람은 이를 유상취득으로 보기 때문에 취득세, 농어촌특별세, 지방교육세를 부담해야 합니다.

반면 재산분할은 혼인 중 부부가 공동으로 모은 재산에 대해 기여도에 따라 나누는 것입니다. 이는 부부의 협력으로 형성된 공동재산을 청산하는 한편 부양의무를 이행한다는 취지입니다. 과거엔 재산분할에 대해서도 증여세가 부과되던 때가 있었으나, 현재는 법 개정으로 과세하지 않습니다. 재산분할은 애당초 부부가 공동으로 취득한 재산을 청산하는 것인데, 여기에 증여세를 부과하면 사실상 이혼의 자유가 보장되기 어렵기 때문입니다. 다만 부동산 등에 대한 소유권 이전이 이뤄지므로 재산분할을 받는 사람이 지방세법상 취득세(1.5% 특례세율) 등은 내야 합니다.

세알못 그래서 이혼하면서 부동산 소유권을 이전할 때, '위자료보다 재산분할로 하는 게 유리하다'라고 말하는 거군요?

택스코디 일반적으로 위자료보다 재산분할로 하는 게 유리하다고 알려져 있는데, 당사자별로 이해관계가 다를 수 있습니다.

지급하는 사람은 부동산에 대한 양도소득세를 부담하지 않으므로 재산분할이 유리할 수 있지만, 받는 사람은 추후 해당 부동산을 양도할 때 재산분할 시점의 가액이 아니라 지급자가 부동산을 취득했을 당시의 가액이 적용돼 양도차익이 늘어날 수 있습니다.

다시 말해 부인이 재산분할로 받은 아파트를 추후 매도할 경우 부인이 부담할 양도소득세는 남편이 아파트를 취득했을 때의 취득가액을 기준으로 산정한다는 말입니다.

하지만, 부인이 위자료로 받은 아파트를 매도할 때는 위자료 지급 시점에 원칙적으로 남편이 양도소득세를 납부하고 그 양도가액이 아내의 취득가액으로 인정되므로 부인의 양도소득세가 감소하게 됩니다. 따라서 조세 부담을 검토할 때는 이런 여러 가지 상황을 종합적으로 고려할 필요가 있습니다.

때에 따라서는 위자료 및 재산분할이 아니라 6억 원의 배우자공제가 적용되는 증여 방식이 더 유리할 수도 있습니다.

참고로 실제 위자료 지급 또는 재산분할의 근거가 현저히 부족함에도 단지 양도소득세 및 증여세를 탈루할 목적으로 그 형식만 위자료 또는 재산분할로 해 재산을 상대방에게 이전하는 경우 실질과세 원칙에 따라 과세대상이 될 가능성이 있으므로 주의해야 합니다.

10년 주기를 잘 활용하자

부모에게 현금, 부동산, 주식 등을 무상으로 받은 자녀는 증여세를 내야 하지만, 가족 간 증여 시 특수성을 인정해 일정 금액까지는 증여세 없이 증여할 수 있습니다. 바로 증여자와 수증자의 가족관계에 따른 증여재산공제입니다. 부모가 자녀에 증여할 때, 증여재산 공제금액은 5,000만 원(자녀가 미성년자이면 2,000만 원)입니다. 다시 말해 부모가 자녀에게 5,000만 원까지는 증여세 없이 증여 가능하다는 말입니다. 이 증여재산 공제금액은 10년을 기준으로 합니다.

부모로부터 10년 이내 받은 재산을 합한 금액이 5,000만 원을 넘는 경우 증여세가 부과됩니다. 이 증여재산공제를 최대한 활용하기 위해선 10년 주기를 잘 활용해야 합니다. 자녀가 태어나서 30세가 되는 날까지 10년 주기를 최대한 활용하여 증여하는 경우 1억 4,000

만 원까지 증여세 없이 증여 가능합니다.

예를 들어 태어나자마자 2,000만 원, 10세가 되는 날 2,000만 원, 성년이 된 20세에 5,000만 원, 30세에 5,000만 원을 증여하게 되면 각 증여 모두 증여재산 공제금액 내에 해당하므로 증여세가 없습니다.

세알못
아이가 태어나서 아이 명의로 통장을 만들었고, 7세가 되는 지금까지 매달 적금을 들어 약 1,000만 원이 쌓였습니다. 증여세 신고를 하려고 합니다. 미성년이니까 10년간 2,000만 원까지 증여세가 면제된다고 들었습니다. 그럼 7년간 이체 내역을 제시하면 면제가 되는 것일까요. 지금 신고하면 8세 때부터 향후 10년간 또 2,000만 원이 면제되는 것인가요. 하나 더, 이 적금을 해지하고, 주식에 투자해주려고 하는데, 주식 계좌로 이체할 때 또 증여로 봐서 증여세 신고를 또 해야 하나요?

택스코디
비과세를 적용할 때 10년의 기간 계산은 증여일로부터 과거 10년을 소급해서 적용합니다. 예를 들어 2024년에 증여한 금액을 신고하는 경우 2014년 이후부터 지금까지 증여한 금액을 합산하는 것입니다.

그리고 금전을 증여받고 이에 대해 증여세 신고가 완료되면 해당 금액에 대해 자녀명의의 주식 계좌로 주식을 취득, 운용하더라도 주식을 매수 및 매도하는 행위에 대해서는 증여받은 것으로 보지 않습니다. 증여받은 날 이후에 발생한 주식평가손익이나 배당금에 대해서도 증여받은 것으로 보지 않습니다. 따라서 증여에 해당하지 않으므로 별도의 증여세 신고는 필요 없습니다.

이때 주의할 점은 증여재산 공제는 아버지와 어머니가 각각 따로 적용되는 것이 아니라는 점입니다. 아버지와 어머니가 주는 금액을 모두 더해 증여재산 공제금액을 계산합니다.

만약, 조부모가 주는 금액이 있다면 그 금액도 합산해 계산합니다. 따라서 태어나자마자 아버지에게 2,000만 원을 증여받고 그다음 날 할아버지가 2,000만 원을 증여한다면 할아버지가 증여한 금액에 대해선 증여세가 부과되는 것입니다.

증여자인 부모에게 형제자매가 있을 때는 서로의 자녀에게 교차로 증여한다면 증여세 없이 증여할 수 있는 금액은 더 늘어납니다. 기타친족에 해당하는 이모나 고모, 삼촌에게 증여를 받는 경우 1,000만 원까지 증여세 없이 증여할 수 있기 때문입니다.

증여자인 아버지에게 누나가 있다면, 아버지는 누나의 자녀에게 10년 주기로 1,000만 원을 증여하고 누나는 아버지의 자녀에게 10년 주기로 1,000만 원을 증여하면 각자의 자녀는 기타친족에게 1,000만 원 이내로 받은 것으로 증여세 없이 증여를 받을 수 있습니다.

10년 주기를 잘 활용하기 위해선 계획이 필요합니다. 보험을 활용하면 미래의 증여를 지금 실행할 수 있습니다. 보험의 증여 시기는 보험사고 발생일이기 때문입니다. 편의상 보험금을 수령하는 시점으로 보아도 무방합니다.

만약, 계약자가 부모이고 수익자는 자녀인 보험에 가입하면 보험에 가입하는 시점이 아닌 추후 수익자인 자녀가 보험금을 수령하는 시점에 증여가 있는 것으로 봅니다. 만약, 태어나자마자 2,000만 원 증여하면서 10년 뒤 자녀가 2,000만 원을 수령하는 보험에 가입하는 경우 10년 뒤 증여까지 지금 실행이 가능한 것입니다.

증여

증여

부동산, 현금, 주식 중 가장 좋은 증여 수단은?

사망 후 상속보다 사망 이전에 미리 부를 증여하는 절세 전략이 인기를 끌고 있습니다. 자녀세대로 부를 이전하기 위한 수단은 부동산, 현금, 주식, 세 가지가 대표적입니다.

세알못 그럼 현금, 부동산, 주식 중 가장 좋은 증여 수단은 무엇인가요?

택스코디 부동산을 증여하면 증여받은 사람은 증여세뿐 아니라 취득세도 내야 합니다. 그러나 현금과 주식은 취득세 부담이 없으므로 현금과 주식으로 증여하는 것이 부동산보다 유리할 수 있습니다.

또 아파트나 현금으로 증여하면 증여 시점에 시가로 증여가 이뤄지지만, 상장주식은 증여일 전후 2개월의 종가 평균액으로 증여가 이뤄집니다. 다시 말해 주식으로 증여하면 최근의 시세변동을 고려해 증여 시점을 정하면 된다는 말입니다. (참고로 증여가 이뤄진 후 주가 상승분에 대해선 추가로 증여세나 상속세를 내지 않아도 됩니다.)

증여세는 증여한 달의 말일로부터 3개월 이내에 신고하고 납부하면 됩니다. 2개월간 주가 추이를 고려해 증여할 것인지 아닌지를 최종적으로 결정할 수 있습니다. 국세청 홈페이지인 홈택스에서 '세금신고납부(상속증여재산 평가하기) - 재산종류선택(상장주식)'을 차례로 선택하면 간단하게 상장주식의 증여 평가금액을 확인할 수 있습니다. 주가가 많이 오르는 추세라면 일찌감치 증여해 증여받은 사람에게 차익을 실현하게 만드는 게 좋습니다.

주당 5,000원에 1만 주의 국내 상장주식을 매입했고, 이를 주당 2만 원에 팔아 성인 자녀에게 증여한다고 가정해봅시다. (참고로 증여일 전후 2개월, 즉 총 4개월간 종가 평균액을 산정해 보니 주당 1만 원으로 평가됐다고 가정합니다.)

주식 1만 주를 2만 원에 팔아 차익을 낸 뒤 현금 2억 원을 증여하면, 다음과 같이 증여세 2,000만 원이 계산됩니다.

- 증여재산가액 = 2만 원 × 1만 주 = 2억 원
- 증여세 = 과세표준 × 세율 = (2억 원 - 증여공제 5,000만 원) × 20% - 1,000만 원(누진공제액) = 2,000만 원 (신고세액공제는 생략)

하지만 증여평가액인 1만 원에 주식으로 증여하고, 증여받은 뒤
자녀가 2만 원에 주식을 판다면 증여세는 다음과 같이 500만 원으로
줄고, 매각자금 2억 원은 모두 자녀 것이 됩니다. 따라서 이런 경우라
면 현금보다 주식으로 증여하는 것이 유리합니다.

- 증여재산가액 = 1만 원 × 1만 주 = 1억 원
- 증여세 = 과세표준 × 세율 = (1억 원 - 증여공제 5,000만 원) ×
  10% = 500만 원 (신고세액공제는 생략)

돈이 생길 때마다 A 전자 주식을 계속 모았습니다. A 전자 주
식은 어느새 1만 주가 넘었고 주가도 그동안 많이 올랐습니
다. 향후 주식이 그대로 상속되면 자식이 부담해야 할 상속세
가 걱정돼 5,000주 (2024년 3월 1일 기준 종가 4만 3,000원)를
자식에게 미리 증여할까 합니다. 세금을 줄이는 좋은 방법이
있을까요?

일단 자녀에게 주식을 증여하면 증여일이 속하는 달의 말일로
부터 3개월 내 증여세 신고납부를 해야 합니다. 따라서 2024
년 3월 1일에 자녀에게 주식을 증여하면 증여세 신고기한은
2024년 6월 30일까지입니다.

앞서 본 것처럼 A 전자와 같은 상장주식의 증여재산을 평가하려
면 증여일 전후 각 2개월 동안의 종가 평균액을 따져야 합니다. 다시
말하지만 4개월 동안의 종가 평균액이 증여재산평가액으로 계산되

기 때문입니다.

1월 1일부터 4월 30일까지의 종가 평균액을 4만 1,000원이라고 가정해 증여세를 계산하면 다음과 같습니다.

- 증여재산가액 = 4만 1,000원 × 5,000주 = 2억 5,000만 원
- 증여세 = 과세표준 × 세율 = (2억 5,000만 원 - 증여공제 5,000만 원) × 20% - 1,000만 원(누진공제액) = 3,000만 원 (신고세액공제는 생략)

그런데 주가가 계속 하락하는 상황이라면, 증여세 신고기한 6월 말까지 신고납부를 미루고 최대한 기다리는 것이 좋습니다. 그 이유는 향후 주가가 더 낮아지면 종가 평균액이 낮아져 증여세를 줄일 수 있기 때문입니다.

만약 주가가 계속 하락해 6월 21일 종가가 3만 9,000원으로 떨어진다면 기존 증여를 취소하고 다시 증여하는 것이 좋습니다. 이런 경우 수증자(자식)는 신고기한 내에 증여자(부모)에게 증여재산을 반환하고 증여 취소를 하면 됩니다. 이때 자식이 당사자 간의 합의에 따라 증여재산을 증여세 신고기한 내에 부모에게 반환하게 되면, 처음부터 증여가 없었던 것으로 보기 때문에 증여세는 부과되지 않습니다.

이후 A 전자 주가는 계속 하락해 10월 12일 기준 종가가 3만 5,000원에 달했고, 종가 평균액을 3만 7,000원으로 예상해 다시 증여세를 계산하면 다음과 같습니다.

- 증여재산가액 = 3만 7,000원 × 5,000주 = 1억 8,500만 원

- 증여세 = 과세표준 × 세율 = (1억 8,500만 원 - 증여공제 5,000만 원) × 20% - 1,000만 원(누진공제액) = 1,700만 원 (신고세액공제는 생략)

정리하면 증여를 취소하지 않고 증여했을 경우 내야 하는 납부세액인 3,000만 원과 비교해 1,300만 원 정도 절세가 가능해진 것입니다. 증여하는 주식의 수가 많고 주식의 가치가 클수록 절세 효과는 더욱 커집니다. 만약 주식을 자녀에게 증여한다면, 주가 하락 시 이처럼 증여를 취소하는 절세방법을 활용하면 좋습니다.

증여

개인사업자인 아버지 제조업체, 가업 승계 증여세 특례를 적용받을 수 있나?

우리나라 세법에서는 18세 이상 거주자가 60세 이상 부모로부터 생전에 가업을 상속받을 수 있도록 '가업 승계 증여세 과세특례' 제도를 두고 있습니다.

세알못 가업 승계 증여세 과세특례 제도와 일반증여는 어떻게 다른가요?

택스코디 부모 재산을 생전에 증여한다는 점에서 일반증여와 유사해 보이지만, 세 가지 큰 차이점이 있습니다.

먼저 가업 승계 특례는 가업 승계를 목적으로 한 가업 주식만이 증여 대상에 해당한다는 점에서 일반증여와 다릅니다.

다음으로 일반 증여세율은 최대 50%인데, 가업 승계 특례는 주식 가액의 가업자산 상당액 중 증여세 과세가액 (600억 원 한도)에서 10억 원을 공제한 후 10~20%의 낮은 세율을 적용한다는 점이 큰 차이입니다.

마지막으로 과세특례가 적용된 주식가액은 상속세 과세가액에 산입, 기본세율을 적용해 상속세로 다시 정산한다는 것도 일반증여와 다른 점으로 꼽을 수 있습니다. 다음 표를 참고합시다.

일반증여와 가업 승계 증여 특례 비교

일반증여	구분	가업 승계 증여세 과세 특례
5천만 원	증여공제	10억 원
10~50%	세율	10~20% (과표 120억 초과 시 세율 20%)
없음	한도 규정	가업 영위 기간에 따라 300억~600억 원 한도
가능	신고세액공제	불가능
10년 내 증여받으면 상속재산에 가산	상속재산 가산	기간에 상관없이 상속재산에 가산

만약 30년 이상 경영한 중소기업 주식 50%를 보유한 아버지가 자녀에게 70억 원 규모의 주식을 일반증여로 증여했다면 내야 할 증여세액은 29억 2,455만 원인데, 가업 승계 증여 특례 (가업 자산 상당액 100% 가정)를 적용하면 내야 할 세금은 6억 원으로 크게 줄어듭니다.

가업 승계 증여 특례의 사후관리 기간은 5년이고, 증여자가 사망하게 되면 기간과 상관없이 상속재산에 가산됩니다. 다만, 요건을 갖추면 가업상속공제 제도로 최대 600억 원을 상속공제 받을 수 있습니다.

가업 승계 증여 특례 요건은 어떻게 되나요?

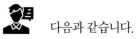 다음과 같습니다.
택스코디

가업 승계 증여 특례 요건

구분		검토항목
가업 요건	공통	1. 법인사업자
		2. 부모가 10년 이상 계속해 경영한 기업
		3. 제조업, 건설업, 도소매업 등 일정 업종이 주된 사업일 것
		4. 증여 전 10년 이내 또는 증여일 후 5년 이내 기간 중 증여자 또는 수증자가 가업경영과 관련한 조세포탈 또는 회계 부정행위로 처벌받은 사실이 없을 것
	중소 기업	1. 자산총액이 5,000억 원 미만일 것
		2. 중소기업 매출액 이내 금액을 충족할 것
		3. 공시대상기업집단에 속하는 회사 등에 해당하지 않을 것
	중견 기업	1. 직전 3개 사업연도 매출액 평균이 5,000억 원 미만일 것
		2. 중소기업이 아닐 것
		3. 상호출자제한기업집단에 속하는 기업 등에 해당하지 않을 것
증여자 요건		1. 증여일 현재 60세 이상일 것
		2. 증여일 현재 10년 이상 계속 경영했을 것 (대표이사 재직요건 필요치 않음)
		3. 최대주주로서 특수관계인의 주식을 포함해 비상장기업의 주식 40%(상장법인 20%) 이상을 10년 이상 계속 보유했을 것
수증자 요건		1. 증여일 현재 18세 이상의 거주자일 것
		2. 수증자 또는 그 배우자가 증여세 신고기한까지 가업에 종사하고 증여일로부터 3년 이내에 대표이사에 취업할 것
		3. 증여세 신고기한까지 증여세 과세특례 신청서를 제출할 것

세알못

증여일 전에 자녀가 대표이사로 취임했는데, 이후에 주식을 증여해도 증여 특례를 받을 수 있나요?

택스코디

가능합니다. 다른 요건을 모두 충족했다면 수증자가 가업을 물려받을 목적으로 주식 등을 증여받기 전에 해당 기업의 대표이사로 취임한 때에도 증여 특례를 받을 수 있습니다.

세알못

가업 승계 증여 특례를 신청할 때 내야 할 입증서류는 뭐가 있을까요?

택스코디

주식 등 변동상황명세서(증여일 전 10년 이상)와 증여일 현재의 주주명부, 법인등기부등본이 필요합니다. 또 4대보험 징수, 급여 지급, 이사회회의록 등 가업에 직접 종사했다는 사실을 입증할 수 있는 서류와 사업용자산 비율 계산 내역도 필요합니다. 증여받는 주식이 비상장주식이라면 주식평가 보고서를 추가로 내야 합니다.

세알못

개인사업자인 아버지는 전자 부품 제조업체를 20년 이상 운영했습니다. 만약 제가 해당 제조업체의 건물, 토지, 기계장치 등을 증여받고 계속 제조업을 운영하면 가업 승계 증여세 특례를 적용받을 수 있나요?

택스코디

개인사업자는 주식 또는 출자지분을 증여할 수 없어 해당 특례를 적용받을 수 없습니다.

다만, 부친이 개인사업자로서 영위하던 가업이 같은 업종의 법인으로 전환된 경우로서 법인 설립일 이후 계속하여 당해 법인의 최대주주에 해당하는 경우에는 개인사업자로서 가업 영위 기간을 포함하여 판단하므로 법인전환 후 주식 또는 출자지분을 증여받게 되고 법이 정한 요건을 충족하게 되면 해당 특례를 적용받을 수 있습니다.

증여세 과세특례는 요건과 사후관리가 매우 까다롭고, 특례 신고 후에는 일반적으로 사업용자산 비율이 적정한지 조사를 받기 때문에 세무 전문가의 도움을 받아 검토해 보는 것을 추천합니다.

증여

세금 없이 12억 원을 주려면 얼마나 걸릴까?

과거에는 상속세를 내는 사람들이 4% 미만 특권층이었습니다. 그런데 2024년 9월 현재 서울에 아파트를 소유한 사람들은 다 걸려버리므로 대중세가 됐다고 말하기도 합니다. 따라서 수도권에 집을 소유했다면 미리미리 대비하는 것이 세금을 줄이는 지름길입니다.

세알못

그럼 '미리미리'라는 게 언제부터 준비해야 하는 건가요?

택스코디

요즘 젊은 사람들은 부부 사이 부동산을 취득하더라도 공동으로 소유를 합니다. 반면 나이 든 사람들은 대부분이 경제 활동을 한 사람 명의로 해놨습니다. 대부분 남편 명의로 해 놓았습니다. 그런데 이럴 때, 죽을 때 순서가 중요한데 내 마음대로 되지 않는 것이 문제입니다.

반드시 남자가 먼저 죽어야 하는데, 남자가 먼저 죽어주지 않고 여자가 먼저 죽으면 배우자공제 때문에 세금 차이가 크게 납니다. 따라서 이런 경우라면 배우자에게 사전에 10년마다 6억 원씩 증여하면 상속세를 크게 줄일 수 있습니다.

 세알못 그러면 배우자에게 세금 없이 12억 원을 주려면 얼마나 걸리나요?

 10년마다 6억 원씩 증여공제가 가능하니, 10년 하루입니다.

소유한 재산은 자녀에게 미리 전달해서 자녀가 그 재산을 마중물로 해서 혼자 일어날 수 있도록 도와줘야 합니다. 흔히 말하는 10년 주기 증여 플랜, 태어나면 2,000만 원을 증여하고, 10세 때 2,000만 원 주고, 20세 때 5,000만 원, 30세 때 5,000만 원을 증여하면 모두 1억 4,000만 원을 세금 없이 증여하는 방법, 이런 증여는 재산이 10억 원 정도 있는 사람이 하는 것입니다.

그렇다면 재산이 100억 원인 사람은 어떻게 증여를 해야 재산이 분산될까요. 자녀한테 증여할 때는 재산의 10분의 1을 줘야 사전증여 효과가 있습니다. 이것도 10년마다 줘야 합니다. 자녀 나이 60세까지 살아있다고 가정하면 세 번은 증여, 한 번은 상속으로 줘야 전체적으로 절세가 됩니다.

세금을 아예 안 낸다고 생각하면 안 됩니다. 자녀에게 10억 원을 증여하면 증여세가 2억 4,000만 원이 나오는데, 세금 낸 나머지 돈으로 투자해서 돈을 벌면 됩니다. 증여세를 한 푼도 안 주고 부를 이전하겠다는 것은 잘못된 생각입니다.

재산을 나눠서 주되, 어떻게 누구에게, 어느 시기에, 얼마를 주는가가 굉장히 중요합니다. 상속까지 가져갈 재산, 사전 증여할 재산, 처분해서 바꿔서 현금화시켜서 줄 수 있는 것을 미리 검토해야 합니다.

죽음의 시기는 내가 선택할 수 없지만, 증여 시기는 조절할 수 있습니다. 시간 분산, 수증자 분산, 재산 분산, 이 카드 3개를 쓸 수 있는 것이 증여입니다. 상속과 증여재산을, 비율을 적절하게 잘 가져가야 합니다.

증여세도 연부연납이 될까?

상속이나 증여를 받으면 세금을 내야 하는데, 재산가액이 크면 거액의 세금을 부담해야 하는 경우가 발생합니다. 만약 상속, 증여세를 일시에 모두 완납해야 한다면 어떨까요. 납세자는 상속 또는 증여받은 재산을 울며 겨자 먹기 식으로 처분해야만 세금을 완납할 수 있는 상황도 발생할 수도 있습니다.

납세자가 납부할 현금이 부족하다면 분납과 연부연납제도를 이용할 수 있습니다. 2회에 나눠 내는 것을 분납, 장기간에 나눠 내는 것을 연부연납이라고 합니다.

먼저 분납은 신고할 때 세금 중 일부를 먼저 내고, 잔여 세금은 2개월 후에 내는 방식입니다. 신고할 때 내야 하는 금액은 총 세금에 따라 다릅니다. 총 세금이 1천만 원 초과 2천만 원 미만이면 1천만 원을 먼저 내고, 총 세금이 2천만 원 이상일 때는 총액의 50% 이상을 즉시 납부해야 합니다.

예를 들어 총액 4천만 원, 2024년 3월 1일 증여했고, 2024년 6월 30일에 신고했다면 신고하면서 2천만 원 이상을 납부하고, 8월 31일까지 잔여 세금을 납부해야 합니다.

증여세 신고서의 분납 란에 분할 납부할 세액을 기재하면 분납 신청이 완료되므로 별도 신청서를 제출하지 않아도 됩니다.

그리고 세무당국은 '연부연납'이라는 제도를 통해 국세 수입을 침해하지 않는 한도 안에서 납세의무자에게 허가받은 증여세를 허가받은 날로부터 5년, 상속세는 10년 동안 연부연납이 가능하도록 했습니다. 다만, 2024년 1월 1일 이후 연부연납 신청분부터는 가업 승계 증여세 과세특례를 적용받은 증여재산은 15년까지 가능합니다.

연부연납을 신청하려면 어떤 조건이 필요하나요?

연부연납을 신청하려면 상속세 또는 증여세 납부세액이 2,000만 원 초과, 기한 이내에 납세의무자의 연부연납 신청, 적정한 납세 담보를 제공해야 한다는 요건이 필요합니다.

그럼 어떤 재산이 적정한 납세 담보로 인정되나요?

납세자는 금전, 국채 등 유가증권, 납세보증보험증권, 납세보증서, 토지, 보험에 든 등기 등을 납세 담보로 제공할 수 있습니다.

납세 담보를 제공하는 경우 담보할 국세의 120% (금전, 납세보증보험증권, 납세보증서의 경우에는 110%) 이상의 가액을 담보로 제공해야 합니다.

그리고 연부연납의 허가를 받은 자는 각 분납세액에 대해 연부연납 이자율로 계산한 가산금을 본세와 함께 납부해야 합니다. 2024년 9월 현재 연부연납 이자율은 연 3.5%입니다.

세알못
중간에 일시 납부하고 싶다면 어떻게 해야 하나요?

택스코디
연부연납을 신청해 증여 및 상속세를 납부하는 중 충분한 목돈이 생겨서 허가된 기한 이전에 세금을 미리 납부하고 싶을 수도 있습니다. 연부연납 허가세액의 전부 또는 일부를 일시에 납부하려면 관할 세무서장에게 신청해 고지서를 발부받아 납부할 수 있으며 이자 상당액은 고지서상 납부기한까지 다시 계산하면 됩니다.

상속

이럴 때는 증여보다
상속이 유리하다

세알못

50대 직장인이고 다른 형제는 없습니다. 아버지로부터 아파트 한 채를 받기로 했습니다. 현 시세는 10억 원입니다. 당장 증여받을지, 아니면 아버지가 연로하신 만큼 돌아가신 후 상속받을지 고민하고 있습니다. 증여세와 상속세 중 어느 쪽이 세금 부담이 적을까요?

택스코디

결론부터 말하자면 공제액이 큰 '상속'을 선택하는 게 더 유리합니다. 상속세는 일단 상속재산에서 일괄 최소 5억 원을 공제하고, 상속인 가운데 배우자가 있으면 배우자 상속공제로도 최소 추가 5억 원을 공제받을 수 있습니다. 만약 상속받은 아파트에서 아버지와 세알못 씨가 1세대를 구성하면서 1주택을 소유했고, 소급해 10년 이상 계속해 동거한 경우라면 동거주택 상속공제도 최대 6억 원까지 받을 수 있습니다.

다만, 상속공제 범위는 제한돼있습니다. 상속세 과세가액에서 특정 가액을 뺀 금액을 한도로 설정해두고 있습니다.

상속공제 종합한도액은 과세가액에서 선순위 상속이 아닌 사람에게 유증, 사인증여, 증여채무 이행 중 재산의 가액, 선순위 상속인의 상속 포기로 그다음 순위 상속인이 상속받은 재산의 가액, 증여재산가액(증여재산공제 및 재해손실공제액을 뺀 금액) 중 하나를 제한 금액으로 정해집니다. 마지막 항목은 상속세 과세가액이 5억 원을 초과하는 경우 적용합니다.

반면, 증여세는 성인 자녀가 직계존속으로부터 재산을 증여받는 경우 수증자를 기준으로 10년간 5,000만 원만 공제합니다. 그리고 직계존속이 증여한 이후 10년 내 사망하면 그 증여재산을 상속세 과세가액에 가산해 상속세를 계산하기도 합니다. 다른 상속재산 규모가 작을 때엔 상속공제 종합한도 규정에 따라 상속공제액이 허용되지 않습니다.

그럼 먼저 증여세부터 계산해봅시다. 아파트를 당장 증여받을 때 증여세는 다음과 같습니다.

- 증여세 과세표준 = 증여재산가액 - 증여공제액
  = 10억 원 - 5,000만 원 = 9억 5,000만 원

- 증여세 = 과세표준 × 세율 = 9억 5,000만 원 × 30% - 6,000만 원
  (누진공제액) = 2억 2,500만 원

여기에 신고세액공제 675만 원 (2억 2,500만 원 × 3%)까지 차감하면 납부해야 할 증여세는 2억 1,825만 원입니다.

하지만 증여 없이 아버지 사망 후 상속받을 때는 아예 세금을 내지 않아도 됩니다. 일괄공제와 배우자 상속공제로 각각 5억 원을 공제받으면 다음과 같이 상속세 과세표준은 0원이 됩니다.

- 상속세 과세표준 = 상속재산가액 - 상속공제액
  = 10억 원 - 10억원 = 0원

따라서 상속세는 '0원'이 됩니다. 세알못 씨처럼 부모님이 있고, 형제자매가 없는 상황에서 아버지가 10억 원짜리 아파트만 보유하고 있을 때 증여가 이뤄진 후 10년 이내 아버지가 돌아가시는 경우와 증여 없이 향후 상속받는 경우 세금을 비교해보면 증여보다 상속이 합리적 선택입니다.

절세를 위해 부모님 재산을 생전에 증여받는 게 나을지, 사후에 상속받는 게 나을지 잘 따져 봐야 합니다. 세알못 씨 사례에선 상속이 더 유리하지만, 부모님의 건강 상태, 재산 규모, 사전증여 여부, 상속인 구성 및 상속인 간의 다툼 여부 등 여러 가지를 종합적으로 고려해야 합니다.

상속인이 외국에 주소를 둔 경우는 9개월 이내에 신고하면 된다

상속세 신고기한은 상속개시일이 속하는 달의 말일부터 6개월 이내입니다. 기준이 되는 상속개시일은 피상속인이 사망한 날이고, 만약 피상속인 실종으로 인해 상속이 개시됐다면 실종선고일입니다.

 상속세 신고기한 관련 예외규정은 없나요?

 크게 두 가지뿐입니다.

하나는 유언집행자 또는 상속재산관리인이 상속개시일이 속하는 달의 말일부터 6개월 이내에 지정(선임)된 경우, 신고기한은 유언집행자·상속재산관리인이 지정(선임)되는 날로부터 6개월 이내가 됩니다. 상속재산관리인 선임에 걸리는 상황을 고려해 6개월을 추가한 것입니다.

또 피상속인이나 상속인이 외국에 주소를 둔 경우는 9개월 이내로, 기본 신고기한 대비 3개월을 더 줍니다.

이외 상속세 신고기한에 대한 추가 예외규정은 없습니다. 결국, 상속인 사이 다툼으로 인한 신고지연은 인정되지 않기에 가산세 부과 대상입니다.

세알못

재작년 말 아버지가 지병으로 돌아가셨습니다. 작년 회사 주요 프로젝트를 맡아 정신이 없었고, 물려받은 재산이 고가 부동산이 아니라 큰 문제가 없을 것으로 판단해 신고를 차일피일 미루다가 1년 6개월이 훌쩍 지났습니다. 하지만 최근 상속세를 늦게 신고하면 가산금 부과 등 불이익이 많다는 이야기를 들었습니다.

택스코디

상속으로 인해 재산을 취득한 상속인은 상속개시일(상속자의 사망일)이 속한 달의 마지막 날로부터 6개월 이내에 납세지 관할 세무서장에게 상속세를 신고해야 합니다. 기한 내 신고를 마칠 경우는 내야 할 상속세의 3%를 세액공제받을 수 있습니다.

하지만 세알못 씨의 경우처럼 신고기한을 훌쩍 넘기면 어떻게 될까요. 상속세를 미신고할 경우 내야 할 금액의 20%의 무신고가산세가 부과되며, 신고 누락으로 인한 납부지연가산세 (1일당 0.022%)까지 물어야 합니다. 만약 부정행위로 인한 미신고로 판단될 경우 무신고 가산세율은 20%가 아닌 40%로 늘어납니다.

신고할 금액보다 미달할 시에도 가산세가 부과됩니다. 미달 신고 시에는 내야 할 세금의 10% (부정행위로 인한 것이면 40%)의 부과되며, 납부지연으로 인한 가산세 (1일당 0.022%)도 내야 합니다.

그렇다면 세알못 씨가 상속세를 정상신고했을 때와 1년 6개월 뒤에서 신고했을 때 내야 할 세금의 차이는 얼마일까요. 다음과 같습니다.

● 기한 내 정상 신고 시 (상속세 산출세액 1,000만 원이라고 가정)

· 납부할 상속세 = 산출세액 - 신고세액공제 (산출세액 × 3%)
  = 1,000만 원 - 30만 원 (1,000만 원 × 3%) = 970만 원

상속세 산출세액 1,000만 원에서 3% 세액공제를 적용받아 실제 내야 할 상속세는 970만 원입니다.

●1년 6개월 뒤 신고 시

· 무신고가산세 = 산출세액 × 20% = 1,000만 원 × 20% = 200만 원

· 납부지연가산세 = 산출세액 × 365일 × 0.022% = 80만 3,000원

· 납부할 상속세 = 산출세액 + 무신고가산세 + 납부지연가산세
            = 1,000만 원 + 200만 원 + 80만 3,000원
            = 1,280만 3,000원

결국, 신고기한을 1년이나 넘긴 세알못 씨는 원래 내야 할 세금 970만 원보다 약 32%(약 310만 원)의 세금을 더 내야 합니다.

재혼한 남편이 사망한다면, 상속인은 누가 될까?

우리나라 상속세는 피상속인의 유산총액을 기준으로 과세하고 있으며, 각 상속인은 각자가 받았거나 받을 재산을 한도로 연대하여 상속세를 납부해야 합니다.

피상속인은 유언을 통해 공동상속인의 상속분을 지정할 수 있습니다. 만약 상속분을 지정하지 않은 때는 민법에서 규정한 법정 상속분에 따라 상속재산을 분할 합니다. 다음 표를 참고합시다.

1순위	직계비속, 배우자	
2순위	직계존속, 배우자	직계비속이 없는 경우 상속인이 됩니다.
3순위	배우자	직계존비속이 없는 경우 배우자가 단독상속인이 됩니다.
4순위	형제자매	1, 2, 3순위가 없는 경우 상속인이 됩니다.
5순위	4촌 이내 방계혈족	1, 2, 3, 4순위가 없는 경우 상속인이 됩니다.

세알못 태아의 부모가 사망한 경우, 태아가 재산 상속을 받을 수 있나요?

택스코디 태아는 일정한 시기가 지나면 출생을 통해 권리와 의무의 주체가 될 수 있는 존재입니다. 어느 나라 민법이든 태아의 이익을 보호하기 위한 규정을 두고 있습니다.

우리나라 민법은 제1000조 제3항에서 '태아는 상속순위에 관하여는 이미 출생한 것으로 본다'라고 규정해 태아 상태에서 자신의 부모가 사망하더라도 부모의 재산을 상속받을 수 있도록 하고 있습니다. 같은 맥락에서 대습상속(제1001조)과 유류분(제1118조)을 받을 권리도 태아에게 인정됩니다.

세알못 같은 순위의 상속인이 여러 명일 때는 어떻게 하나요?

택스코디 촌수가 가장 가까운 상속인을 우선순위로 합니다. 쉽게 말해 피상속인의 직계비속이 자녀 2인, 손자녀 2인이면, 자녀 2인이 공동상속인이 되고 손자녀는 법정상속인이 되지 못합니다.

참고로 상속개시일은 피상속인이 사망한 날을 말합니다. 다만, 피상속인의 실종선고로 인하여 상속이 개시되는 경우에는 실종선고일을 말합니다.

세알못 딸이 있는 남성과 아들이 있는 여성이 재혼했고, 남편이 재혼 이후 사망한다면 상속인은 누가 되나요?

택스코디

최근에는 이혼과 재혼이 늘어나면서 재혼가정에서 상속을 어떻게 해야 할지 고민하는 사람이 많습니다. 결론부터 말하자면 부모님이 재혼해서 새 부모님이 생겼다 해도 혈연관계가 없으면 재혼상대방의 유산을 받을 권리가 없습니다. 따라서 세알못 씨 사례에서 상속인은 재혼 배우자(아내)와 친자인 딸이 됩니다. 재혼 배우자의 아들은 혈연관계가 없어 상속권이 없습니다.

만약 남성이 사망한 후 재혼한 배우자와 딸이 함께 살고 있다면 향후 2차 상속이 발생할 수 있습니다. 그런데 재혼한 배우자가 사망하면 딸은 혈연관계가 없으므로 상속권이 없습니다. 참고로 재혼한 배우자가 미혼 상태로 자녀가 없다고 가정하면 재산이 형제자매에게 상속되는 상황이 발생할 수도 있습니다.

세알못

그럼 재혼가정에서 친자가 아니면 유산을 물려줄 방법은 없는 건가요?

택스코디

친자가 아니어도 재혼가정 상속에서 유산을 물려주는 방법이 있습니다. 바로 입양으로 친족 관계가 형성된 경우입니다. 양친자 관계에서는 혈연관계가 없어도 상속권이 인정됩니다. 부모님이 재혼하면서 재혼상대방의 양자가 되면 양부모로부터도 상속받을 수 있습니다. 양자 관계를 설정한다고 해도 친부모와의 관계가 끊어지는 것은 아니어서 친부모로부터도 여전히 상속받을 수 있습니다.

반면 친양자 제도는 기존의 친족 관계가 소멸해 상속권이 달라집니다. 기존 친부모와의 관계가 완전히 단절되므로 일반 양자와는 달리 친부모로부터 유산을 받을 권리도 소멸하게 된다는 사실도 기억합시다.

자식 말고, 손자에게 전부 상속하고 싶은데

세알못

부인과는 사별했고, 아들이 하나 있습니다. 망나니 같은 이 자식은 아비인데도 아이 생일 한 번 챙긴 적 없고, 손자는 제가 키우고 있습니다. 하지만 손자 녀석은 열심히 공부해 명문 대학도 가고 얼마 전엔 좋은 직장에 취업도 했습니다. 저는 수도권에 아파트와 고향에 사둔 땅이 있습니다. 전부 30억 원 정도 될 겁니다. 이 재산을 모두 자식이 아닌 손자에게 주고 싶습니다. 손자에게 미리 증여하는 게 나을까요?

택스코디

조부모가 자녀를 건너뛰고 손자녀에게 직접 재산을 증여하는 것을 세대생략증여라고 합니다. 부모가 자녀에게 재산을 증여해주고, 그 자녀가 자신의 자녀에게 재산을 또다시 증여하게 되면 두 번의 증여세를 내야 합니다. 하지만 부모가 직접 자신의 손자나 손녀에게 재산을 증여하면 할증 과세 30%가 부과되기는 하지만, 이것이 두 번 증여세를 내는 것보다 훨씬 유리합니다. 또한, 손자녀는 상속인이 아니므로 증여한 뒤 5년이 지나면 그 재산은 상속재산에서 제외되기 때문에 세대생략증여는 상속세를 줄이는 데도 유용하게 활용할 수 있습니다.

세알못
만약 제가 아무런 준비를 하지 않고 세상을 떠나게 된다면, 이후 상속은 어떻게 되나요?

택스코디
따로 유언 등 절차를 진행하지 않는다면 법정상속이 이뤄집니다. 즉 민법이 정한 상속순위에 따라 상속인이 정해지고 그 상속인만이 세알못 씨의 재산을 물려받게 됩니다. 우리 민법이 정하고 있는 1순위 상속인은 앞서 본 것처럼 피상속인의 직계비속입니다. 세알못 씨의 아들과 손자 모두가 직계비속에 해당하지만, 민법은 동순위의 경우 최근친을 선순위로 정하고 있습니다. 결국, 재산은 직계비속 중 최근친인 아들이 전부 상속받게 됩니다.

세알못
아들이 상속받는 걸 막고 싶은데, 아파트와 땅을 손자에게 미리 증여하면 어떨까요?

택스코디
손자에게 재산 중 일부인 아파트와 땅을 미리 증여해주는 경우를 봅시다. 이 경우에 손자의 증여 계약이 무효 또는 해제되는 경우가 아닌 이상, 세알못 씨가 사망에 이르더라도 손자는 증여받은 아파트와 땅을 정당하게 소유할 수 있습니다. 즉 사망하더라도 아들은 손자에게 증여해준 아파트와 땅은 상속받지 못합니다.

세알못

그럼 세대생략증여의 경우 절차나 세금 문제는 어떤가요?

택스코디

증여란 대가 없이 자신의 재산을 상대방에게 주겠다는 의사를 표시하고 상대방이 이를 승낙함으로써 성립하게 되는 계약입니다. 손자에게 아파트와 땅을 미리 증여해주기로 하고 이러한 구체적 내용이 기재된 계약서에 양 당사자가 서명하면 증여 계약이 성립합니다. 이에 따라 소유권이전등기까지 완료되면 손자는 아파트와 땅의 소유권자가 됩니다.

이때 손자는 증여세를 내야 합니다. 만약 세알못 씨가 손자의 증여세를 대신 내면, 대납해준 증여세만큼 추가로 손자에게 증여된 것으로 보고 추가 증여세가 부과될 수 있다는 점에 주의해야 합니다.

세알못

그런데 손자에게 미리 증여하고, 제가 사망한 후에 아들이 유류분 소송을 할 수도 있나요?

택스코디

세알못 씨의 사망 후에 아들의 유류분 침해가 이뤄졌다면 아들은 생전에 세알못 씨에게 재산을 증여받은 손자를 상대로 유류분반환청구할 수 있습니다. 다만 이는 엄격한 요건이 따릅니다.

먼저 손자는 상속인이 아닌 제3자이기 때문에 민법상 손자에 대한 증여는 원칙적으로 상속개시 전의 1년간에 행한 것에 대해 유류분반환청구가 가능합니다. 따라서 증여 시점이 사망하기 전 1년보다 더 이전이었다면, 아들은 손자를 상대로 유류분반환청구할 수 없습니다.

단, 사망하기 전 1년보다 더 이전에 이뤄진 증여라 할지라도 만약에 세알못 씨와 손자가 아파트와 땅의 증여 당시에 유류분 권리자가 될 아들에게 손해를 입힐 것을 알고도 증여했다면, 상속개시 1년 전에 한 증여에 대해서도 유류분반환청구가 가능합니다.

이런 경우에는 증여 당시 증여재산의 가액이 증여하고 남은 재산의 가액을 초과한다는 점을 알았던 사정 뿐아니라, 장래 상속개시일에 이르기까지 피상속인의 재산이 증가하지 않을 것이란 점까지 예견하고 증여를 한 사정이 인정돼야 합니다. 그 입증책임은 유류분 권리자인 아들에게 있으므로 아들이 이를 입증하지 못한다면, 아들의 유류분반환청구는 기각될 가능성이 큽니다.

 세알못

아들을 상속인에서 제외할 수 있다면, 제가 이런 고민을 하지 않아도 될 텐데요.

 택스코디

아들이 사망 후 상속 포기를 하지 않는다면, 아들에게 민법이 정한 상속 결격 사유가 있어야 상속인에서 제외할 수 있습니다. 상속인의 결격사유는 민법 제1004조에서 정하고 있습니다. 고의로 형법상 존속살해, 상해치사, 사기죄, 강요죄, 문서

위·변조죄 등의 범죄를 범한 경우로 한정돼 있습니다.

그런데 여기에 부양의무를 중대하게 위반한 자도 상속인에서 제외해야 한다는 입법 논의가 활발히 이뤄져 왔습니다. 만약 법 개정을 통해 상속결격 사유가 확대되고 아들에게 그에 따른 상속결격 사유가 있는 경우라면, 아들은 세알못 씨의 상속인이 될 수 없습니다. 이 경우에는 손자가 단독상속인이 돼 재산을 전부 상속받을 수 있습니다. 또한, 손자가 재산을 전부 상속받더라도 상속결격자인 아들은 손자를 상대로 유류분반환청구도 할 수 없게 됩니다

상
속

이혼소송 중 사망한
아들의 상속인은?

세알못

아들은 며느리의 외도로 이혼소송 중이었습니다. 그러던 중, 아들이 불의의 사고로 갑자기 세상을 떠났습니다. 아들 이름으로 된 전세금과 분양권이 있는데, 며느리는 아들의 사고 소식을 듣자마자 분양권 처분을 이곳저곳 알아보고 다녔다고 합니다. 아들의 이혼소송은 아들이 사망한 후에는 어떻게 진행이 되나요?

택스코디

재판상의 이혼청구권은 부부 고유의 일신전속권입니다. 따라서 이혼소송 중 부부의 일방이 사망하면 그 이혼소송은 부부중 일방이 사망함과 동시에 당연히 종료됩니다. 재판부는 '소송종료선언'으로 사건을 마무리하게 됩니다. 사연의 이혼소송또한 부부 중 일방인 아들이 사망하면서 소송이 끝나버렸기 때문에 어머니인 세알못 씨가 아들의 이혼소송을 이어서 수행하는 것은 불가능합니다.

세알못

그럼 이혼소송 중 불의의 사고로 사망한 아들과 며느리의 혼인 관계는 법적으로 어떤가요?

택스코디

이혼소송의 경우, 재판상 이혼청구를 인용한 판결이 확정돼야 비로소 이혼의 효과가 발생합니다. 그런데 사례의 경우에는 이혼판결이 확정되기 전에 부부 중 일방인 아들이 사망해 그대로 소송이 종료돼 버렸습니다. 이 경우, 재판상 이혼청구를 인용한 판결부터가 존재하지 않기 때문에 이혼의 효과는 발생할 수 없고 아들과 며느리의 혼인 관계는 여전히 유지되고 있다고 보아야 합니다.

세알못

그럼 아들이 남긴 재산은 어떻게 되나요?

택스코디

아들이 생전에 따로 유언장을 작성해뒀다는 특별한 사정이 없다면, 아들이 남긴 재산은 상속인들에게 그 상속비율대로 상속될 것입니다. 사망한 아들이 자녀가 없다면, 아들의 재산을 상속받게 될 공동상속인은 아들의 직계존속인 어머니와 아들의 법률상 배우자인 며느리가 됩니다. 이때 어머니와 며느리의 법정상속 비율은 1대1.5가 됩니다.

만약 아들이 국민연금 가입자였다면, 국민연금법이 정한 요건에

상
속

따라 상속인이 유족연금, 반환일시금, 사망일시금을 받을 수 있습니다. 국민연금법은 유족연금 등의 수급권자를 위 법이 정한 최우선 순위자로 한정하고 있으므로 민법이 정하고 있는 것과는 달리 공동상속이 이뤄지지 않습니다. 국민연금법은 유족연금 등을 받게 될 최우선 수급권자로 배우자를 정하고 있어 사례의 경우, 오로지 며느리만이 유족연금 등을 수령하게 됩니다.

세알못

며느리의 재산 상속을 막을 방법은 없을까요?

택스코디

며느리가 상속포기를 하지 않는 한, 며느리의 재산 상속을 막으려면 며느리가 자신의 상속분을 포기하는 취지의 상속재산 분할 협의가 이뤄지거나 며느리가 상속결격자에 해당하는 때에만 가능합니다. 상속결격 사유는 민법 제1004조에서 정하고 있습니다. 사례에서처럼 며느리가 아들을 상대로 이혼소송을 제기한 전적이 있다거나 아들의 생전에 부정행위를 저질러 고통을 줬다는 점은 상속결격 사유에는 해당하지 않습니다.

따라서 현행법상으로는 며느리와 상속재산 분할 협의를 진행해 보거나, 협의가 되지 않는 경우 가정법원에 상속재산분할청구와 기여분 청구를 해보는 것이 최선으로 보입니다. 특정 상속인의 기여분이 인정된다면 그만큼을 먼저 공제해 그 상속인에게 분배하고 나머지 상속재산을 두고 특정 상속인을 포함한 전체 상속인들이 상속재산분할을 하게 됩니다. 기여분 청구의 요건만 충족된다면, 그만큼 며느리가 상속받을 재산을 줄일 수 있습니다.

다만, 국민연금법이 정하고 있는 유족연금 등은 상속재산이 아니라 상속인의 고유재산으로 보기 때문에 며느리가 상속포기를 한다 하더라도 유족연금 등의 수령까지 막기는 어렵다는 점에 주의할 필요가 있습니다.

상
속

상속세 납부,
물납도 가능하다

상속세는 부과되는 금액은 많은데, 상속재산은 현금 (또는 예금)보다 부동산의 비중이 높은 경우가 대부분입니다. 부동산을 제 가격에 처분하기 위해서는 적지 않은 시간이 걸릴 수 있고, 이때 자금 유동성 부족으로 상속세 납부에 어려움을 겪을 수도 있습니다.

이럴 때 고려해 볼 수 있는 것이 상속세 물납제도입니다. 모든 세금은 세법상 현금 납부가 원칙이지만, 상속세는 납세자가 납부 과정에서 겪는 어려움을 덜어주기 위해 예외적으로 물납제도를 두고 있습니다. 물납제도란 이처럼 세금을 현금 대신 물건으로 내는 것을 말합니다.

과거에는 상속세뿐만 아니라 증여세, 소득세, 법인세, 종합부동산세 등의 세목에 대해 일부 물납제도가 인정되었지만, 현재는 상속세를 제외한 나머지 세목의 물납제도는 폐지되었고, 상속세만 법에서 정한 요건들이 충족되는 경우 부동산, 유가증권 등으로 물납 가능합니다.

세알못

법에서 정한 요건이란, 구체적으로 어떻게 되나요?

택스코디

상속세 물납에는 법에서 정한 요건이 충족되어야 합니다. 다음 네 가지로 요약할 수 있습니다.

1. 상속재산 중 부동산과 유가증권의 가액 비중이 50%을 초과해야 한다.	이때 상속재산은 상속인과 수유자가 받은 사전증여재산을 포함한다.
2. 상속세 납부세액이 2,000만 원을 초과해야 한다.	
3. 상속세 납부세액이 금전과 대통령령으로 정하는 금융재산의 가액을 초과해야 한다. 상속세 납부세액이 금전과 금융재산의 가액보다 적을 때는 금전과 금융재산으로 상속세를 납부할 수 있으므로 물납을 허용하지 않는다.	이때 금융재산의 가액에 사전증여재산은 제외한다.
4. 물납하려고 하는 재산이 관리·처분에 적당해야 하고, 부적당한 때에 해당하지 않아야 한다.	

상속

구체적으로 부동산은 지상권, 지역권, 전세권, 저당권 등 재산권이 설정된 경우, 물납신청한 토지와 그 지상건물의 소유자가 다른 경우, 토지 일부에 묘지가 있는 경우 등에는 관리·처분이 부적당한 것으로 보아 물납 대상에서 제외합니다.

그리고 유가증권은 발행회사의 폐업 등으로 사업자등록이 말소된 경우, 발행회사가 해산 사유가 발생하거나 회생절차 중에 있는 경우 등에는 관리·처분이 부적당한 것으로 보아 물납 대상에서 제외됩니다.

과세관청은 물납신청을 받은 재산이 관리·처분상 부적당하다고 인정하는 경우에는 그 재산에 대해 물납허가를 하지 않거나, 관리·처분이 가능한 다른 물납 대상 재산으로의 변경을 명할 수 있습니다.

세알못 상속세가 30억 원, 상속재산이 100억 원 (부동산 80억 원, 금융 재산 20억 원)이면 물납 허용 한도 금액은 얼마인가요?

택스코디 물납 허용 한도는 상속재산 중 부동산 및 유가증권의 가액에 대한 상속세 납부세액과 상속세 납부세액에서 상속재산 중 순 금융재산과 상장유가증권의 가액을 차감한 금액 중 적은 금액 입니다. 다음과 같습니다.

① 상속재산 중 부동산 및 유가증권의 가액에 대한 상속세 납부세 액 = 24억 원 (상속세 30억 원 × 80억 원/100억 원)

②는 10억 원 (상속세 30억 원 - 금융재산 20억 원)

따라서 이 중 적은 금액인 10억 원까지만 물납이 허용됩니다. (이 처럼 물납 금액에 허용 한도를 두는 이유는 금융재산과 상장유가증권은 현금화하기가 상대적으로 쉬우므로, 이들을 현금화하여 상속세를 납부하도록 하기 위해서입니다.)

참고로 상장주식은 원칙적으로 물납이 허용되지 않습니다. 상장주식은 처분이 쉬워 금전납부가 가능하다고 보아 물납 대상에서 제외한 것입니다. 다만, 거래소에 상장되어 물납허가통지서 발송일 전일 현재 자본시장법에 따라 처분이 제한된 경우에는 물납이 예외적으로 허용됩니다.

비상장주식도 원칙적으로는 물납이 허용되지 않습니다. 다만, 다른 상속재산이 없거나 다른 상속재산으로 상속세 물납에 충당하더라도 부족한 경우에 한해 예외적으로 비상장주식의 물납이 허용됩니다. (비상장주식의 물납을 제한하는 이유는, 이를 처분하여 현금화하기가 쉽지 않고, 물납 이후 회사가 파산하여 세금회수가 불가능해지면 국고손실이 발생하는 경우가 있기 때문입니다.)

그리고 물납에 충당하는 재산은 국채 및 공채, 상장유가증권 중 자본시장법에 따라 처분이 제한된 것, 국내 소재 부동산, 기타 유가증권, 비상장주식, 상속인이 거주하는 주택 및 부수토지 등의 순서에 따라 허가합니다.

종전에는 부동산과 유가증권에 한해 상속세 물납을 허용했고, 미술품 등에 대해서는 전혀 허용하지 않았습니다. 이는 미술품은 현금화가 쉽지 않기 때문에, 국가가 매각을 원활히 하지 못하면 국고손실이 발생할 수 있기 때문이었습니다. 그러나, 2021년 12월 21일 상속세 및 증여세법이 개정되면서 문화재나 미술품을 국민 모두 향유할 수 있도록 세상에 나올 기회를 제공하기 위해서, 일부 문화재 및 미술품에 대해서도 상속세 물납이 가능한 특례가 신설되었습니다. 문화재 및 예술품은 역사적·학술적·예술적인 가치가 있어 문화체육부 장관이 요청하는 경우, 일정 요건을 충족할 때 물납할 수 있습니다.

상
속

상속으로 취득한 부동산, 이렇게 세금 아끼자

대부분은 상속으로 부동산을 받았지만, 재산가액이 상속공제액보다 적어 상속세가 나오지 않습니다. 이런 이유로 상속세 신고를 하지 않는 경우가 많습니다.

또한, 단독주택이나 건물, 토지는 시가가 없어서 기준시가대로 상속세를 신고하는 경우가 빈번합니다. 그러나 미래에 발생할 양도소득세를 줄이기 위한 목적으로 감정가액을 받아놓고 상속세를 신고하는 것도 좋은 절세법입니다.

특히 양도소득세 중과세율이 적용되는 비사업용 토지에 해당하거나 또는 다주택자라면 미래에 처분 시 아주 많은 양도소득세를 부담할 확률이 커집니다. 이를 대비하여 상속세 신고 시 감정가액을 받아서 취득가액을 높여놓으면 양도소득세 부담이 현저하게 낮아지는 효과가 있습니다. 물론 감정평가를 받으면 상속재산가액이 증가합니다. 따라서 상속재산가액의 상승으로 늘어나는 상속세와 미래에 줄어드는 양도소득세를 비교해서 유리한 쪽으로 선택해야 합니다.

세알못 상속받은 부동산을 처분할 계획이 있으면 상속개시일로부터 6개월 이내에 처분해야 한다는 말을 들었는데, 그 이유가 무엇인가요?

택스코디 다시 말하지만, 상속재산의 평가는 상속개시일 현재의 시가에 따릅니다. 이때 시가란 상속개시일 전후 6개월 이내의 매매가액, 감정가액, 수용·경매·공매가액이 이에 해당합니다. 이런 이유로 상속받은 부동산을 상속개시일로부터 6개월 이내에 양도하게 되면, 그 양도한 금액이 상속재산의 시가에 해당하기 때문에 양도금액과 취득금액이 같아지게 됩니다. 따라서 양도차익이 발생하지 않아 양도소득세가 부과되지 않습니다.

다만 이때 양도소득세가 나오지 않는다는 유혹 때문에 예상치 못한 상속세를 더 낼 수도 있습니다. 양도가액이 상속재산의 시가에 해당하기 때문에 상속세가 증가할 수 있으니 늘어나는 상속세와 줄어드는 양도소득세를 비교해서 유리한 쪽으로 결정해야 합니다.

또 다른 절세 팁은 없나요?

다시 강조하지만, 두 가지 이유에서 피상속인 사망 직전에는 부동산을 처분하지 말아야 합니다.

1. 양도소득세가 증가

앞에서 말했듯이 상속이 개시된 후 6개월 이내에 부동산을 처분하면 취득가액과 양도가액이 같아지므로 양도소득세가 나오지 않습니다. 그러나 상속이 개시되기 전에 부동산을 팔게 되면 피상속인이 양도소득세를 부담해야 합니다. 시세차익이 낮다면 큰 문제가 되지는 않지만, 시세차익이 많이 발생하는 경우 거액의 양도소득세를 부담할 수 있습니다.

2. 추정상속재산에 해당해 상속세가 부과

현행 세법에서는 피상속인이 재산을 처분했을 때, 상속인이 그 용도를 입증하지 못하면 이를 상속받은 것으로 추정해 상속세를 부과하고 있습니다.

상속개시일 전 1년 이내에 재산을 처분했을 때, 처분가액이 2억 원 이상이거나, 상속개시일 전 2년 이내에 처분가액이 5억 원 이상인 경우로서 처분대금을 상속인이 입증하지 못하는 때가 있을 수 있습니다. 이때 상속인이 입증하지 못한 금액과 처분가액의 20% 상당액, 2억 원 중 적은 금액을 차감한 금액을 상속재산으로 보아 상속세를 부과합니다.

상속세 신고했다고
끝이 아니다

가족이 사망했다면, 가장 먼저 챙겨야 할 서류가 있는데, 바로 사망진단서입니다. 사망진단서는 장례식장이나 화장장 등 각종 장례 절차에도 필요하지만, 이후 사망신고 시에도 꼭 필요한 서류입니다. 특히 상속재산을 확인하기 위해 은행과 보험사 등 금융기관을 방문할 때에도 필요해서 처음 발급받을 때부터 10매 이상으로 여유 있게 발급받아 두는 것이 좋습니다.

세알못

사망신고는 언제까지 해야 하나요?

택스코디

사망신고는 사망일로부터 1개월 이내에 해야 하지만, 5만 원 이하의 적은 과태료 때문에 미루는 일이 종종 있습니다. 사망신고를 하게 되면 사망한 사람의 계좌가 동결되고, 예금 인출이나 카드사용이 중지됩니다. 이 때문에 급히 필요한 돈이나 병원비, 장례비 등을 치르려고 사망신고를 미루기도 합니다.

하지만 사망신고를 늦게 하더라도 법률적인 일정에는 변화가 없다는 점을 기억해야 합니다. 신고를 미루더라도 사망진단서 상의 사망일은 정해져 있기 때문이죠. 상속세 신고기한이나 상속재산의 평가, 과세대상 구분 등 다른 법적 기준일은 모두 사망신고일이 아닌 사망일입니다.

상속재산이 얼마인지를 확인하는 것은 매우 중요합니다. 시군구청 등에서 사망신고를 하면서 '안심상속 원스톱서비스'를 신청하면 사망한 사람이 보유하고 있던 재산과 채무 등을 한 번에 조회할 수 있습니다.

이때 토지나 건축물, 자동차 등은 소유 현황을 구체적으로 확인할 수 있지만, 금융재산은 계좌의 존재, 거래유무 정도만 확인할 수 있습니다. 따라서 금융재산의 경우에는 안심상속 원스톱서비스에서 확인한 내용을 기반으로 다시 각 금융사를 방문해 잔고 증명과 세부적인 거래 내역을 구체적으로 받아봐야 합니다. 돌아가시기 전 2년 이내에 상속인이 아닌 사람에게 계좌이체 되거나 인출된 금액도 증여로 보고 상속재산에 포함될 수 있기 때문입니다.

세알못

상속재산보다 빚이 많은 경우에는요?

채무가 상속재산보다 많은 경우에는 상속의 권리를 포기하는

'상속 포기'를 선택할 수 있습니다. 상속 포기는 재산, 채무가 있는 걸 알게 된 날로부터 3개월 이내에 선택해야만 합니다.

문제는 배우자와 자녀 등 1순위 상속인들이 상속을 포기하더라도 형제자매 등 2순위, 3순위 상속인에게 채무가 상속된다는 것입니다. 따라서 무작정 상속을 포기하기보다 상속인 중 한 사람은 상속재산 만큼만 채무를 변제할 수 있는 '한정승인'을 선택하는 것도 좋은 방법입니다. 다만 한정승인은 상속 포기보다 서류와 절차가 복잡하므로 반드시 전문가의 도움을 받는 것이 좋습니다.

상속세는 사망일이 속한 달의 말일부터 6개월 이내에 신고납부하도록 하고 있습니다. 다른 세금과 비교해 기한이 길지만, 상속세 산출방식이 복잡해서 생각보다 여유롭지 못할 수 있습니다. 다시 말하지만, 상속세는 사망일 현재 상속재산뿐만 아니라 10년 이내에 사전 증여됐던 증여재산도 상속재산에 포함해서 계산해야 합니다. 사망 전 1년 이내에 2억 원 이상, 2년 이내에 5억 원 이상의 예금을 인출했거나 재산을 처분한 적이 있다면 그 금액이 어디에 사용됐는지를 상속인들이 소명해야 하는 문제도 있습니다. 소명하지 못하면 추정상속재산이라고 해서 실제 상속받지 않은 재산임에도 상속재산에 포함될 수 있습니다.

실제도 가족이라 하더라도 돌아가신 분의 사전 경제 활동을 세세하게 알지는 못하기 때문에 이런 내용을 파악하는 데 상당한 시간이 필요할 수 있습니다.

상
속

또 부동산을 상속받으면 상속인 간에 협의분할이 잘 이뤄지지 않아 시간이 지체되기도 합니다. 갈등으로 인해 협의분할이 이뤄지지 않는 경우 취득세부터 먼저 납부해서 체납을 방지하는 것도 방법입니다.

세알못 상속세가 발생하지 않아도 신고해야 하나요?

택스코디 상속재산이 있더라도 일괄공제 (5억 원)와 배우자공제 (5억~30억 원) 등 공제금액이 커서 세금이 산출되지 않는 경우가 많습니다. 하지만 상속세가 없다고 해서 신고를 하지 않는다면 나중에 미래의 다른 세금 문제가 발생할 수도 있으니 주의해야 합니다.

특히 부동산을 상속받을 때 유의해야 합니다. 상속세 신고를 하면 그 금액이 상속인의 부동산 취득금액이 되지만, 신고하지 않는다면 나중에 국세청이 결정하는 시점의 기준시가가 취득금액이 되어서 미래에 부동산을 팔 때, 양도차익이 커지는 문제가 생길 수 있습니다.

상속세는 상속인이 신고한다고 끝나는 세금이 아니라는 특징도 있습니다. 소득세나 부가가치세 등과 다르게 상속인이 신고한 내용에 대해 국세청이 조사하고, 실제 낼 세금을 결정해줘야만 세금 문제가 끝난다는 겁니다.

상속재산이 적다면 신고된 내용을 서면으로 검토하는 것만으로 끝날 수도 있지만, 상속재산 규모에 따라 상속인들의 계좌를 전수조사하는 등 세무조사를 한 후에 상속세를 결정하는 때도 있습니다.

상속세 세무조사는 상속세 신고 후 9개월 이내 실시할 수 있습니다. 이때 사전증여재산이나 추정상속재산이 잘 반영됐는지를 확인합니다. 또 상속인들이 배우자공제를 받았다면 실제 배우자에게 상속이 됐는지, 등기이전도 됐는지 등을 꼼꼼하게 따져봅니다. 따라서 6개월의 신고기한을 잘 활용하지 않는다면, 이후에도 9개월 동안 세무조사의 불안감에 시달릴 수 있다는 것을 알고 있어야 합니다.

상속

세법개정안에서 나에게 꼭 필요한 절세 항목들을 미리 확인하자

해마다 7월이 되면 세법개정안이 발표됩니다. 이 개정안은 국회 심사를 거쳐 연말에 확정됩니다. 시행 시기는 대부분 다음 해 1월부터 적용되는 경우가 많고, 2~3년 후에 바뀔 세법을 명시해놓기도 합니다.

연말에 국회에서 확정된 세법은 정부가 12월 말에 공포 및 시행한 후 다음 해부터 달라지는 세금 제도들을 정리해서 다시 보도자료가 배포됩니다.

세알못

국회 심사 과정에서 뒤바뀔 수도 있는 미확정 상태의 세법개정안을 왜 알아야 하나요?

택스코디

그 속에 절세방법이 담겨 있어서입니다. 일상생활에 적용할 수 있는 세법개정안을 미리 알아두고 대비하면 나중에 세금을 줄일 수 있기 때문입니다.

가상자산에 투자자는 소득에 대한 과세 시기가 당초 2025년 1월에서 2027년 1월로 2년간 유예되기 때문에 세금에 대한 부담감을 덜 수 있습니다. 수영장이나 헬스장에 다닐 분들은 연간회원권을 2025년 7월 이후에 결제해야 신용카드 소득공제 혜택을 받을 수 있습니다.

2024년 혼인신고를 했거나 앞으로 2년 내 결혼을 앞둔 직장인이라면 2025년 이후 연말정산에서 50만 원의 공제 혜택을 꼭 챙겨 받고, 아이를 낳으면 회사에서 주는 출산지원금에 대해 전액 비과세 혜택이 주어진다는 사실도 잘 기억했다가 활용하면 좋습니다.

지난 20년 동안 발표된 세법개정안의 국회 입법 과정을 되돌아보면, 정부가 제출한 입법안들은 대체로 통과되지만, 민감한 사안들은 여야 협의 과정에서 수정 또는 삭제되고, 국회의원들이 제출한 새로운 입법안들도 일부 추가되기도 합니다. 특히, 이번 22대 국회처럼 야당의 의석수가 많을 때는 상임위원회나 국회 본회의에서 뒤집히는 법안들도 적지 않을 전망입니다.

2024년 개정안은 상속세 개편이 반영될지가 주요 쟁점 중 하나입니다. 세율과 공제 부분이 대폭 개정될 예정입니다.

2024년 8월 현재 상속·증여세율은 상속·증여재산에서 공제를 차감한 후의 금액인 과세표준을 기준으로 5단계 누진세율로 구성됐습니다. 1억 원 이하는 10%, 1억 원 초과 5억 원 이하는 20%, 5억 원 초과 10억 원 이하는 30%, 10억 원 초과 30억 원 이하는 40%, 30억 원 초과는 50%의 세율이 적용됩니다. 이 세율표가 2억 원 이하는 10%, 2억 원 초과 5억 원 이하는 20%, 5억 원 초과 10억 원 이하는 30%, 10억 원 초과는 40%로 25년 만에 개편될 예정입니다.

그리고 2024년 세법개정안에서 가장 주목받는 내용은 자녀상속 공제 금액을 5,000만 원에서 5억 원으로 올린 것입니다. 공제금액을 한 번에 10배나 올린 것은 상당히 파격적입니다. 상속인 중 자녀 1인만 있어도 기초공제 2억 원에 자녀 공제 5억 원이 더해지면 7억 원까지 상속재산에서 공제 가능합니다.

2024년 8월 현재 상속인은 '기초공제 + 인적공제' 또는 일괄공제 5억 원 중 유리한 것을 선택하면 되는데, 만약 피상속인의 자녀가 2명이라면, 현재는 기초공제 2억 원과 자녀 2명에 대해 자녀 공제 1억 원을 더해 총 3억 원을 공제받는 것보다는, 일괄공제 5억 원을 선택하는 것이 유리합니다.

하지만 정부의 개정안대로 국회를 통과했을 때, 상속인의 자녀가 2명이라면 각 5억 원, 총 10억 원의 공제와 기초공제 2억 원이 적용되면서 상속재산 12억 원까지는 상속세 부담이 없게 됩니다. 자녀가 많을수록 세금 부담 측면에서 더 유리하기 때문에 저출산 시대에 맞는 세제라고 볼 수 있습니다.

매년 세법개정안에서 나에게 꼭 필요한 절세 항목들을 미리 체크하고, 연말에 국회에서 제대로 통과되는지 확인한 후, 내년 달라지는 세금 제도를 보고 시행 시기를 맞춰보면 절세의 지름길이 보일 것입니다.